2024 EASY PSAT
이지은 상황판단

EASY PSAT

와이즈랩스

PREFACE

PSAT 개요

01 PSAT의 도입배경 및 정의

21세기 지식기반사회에서는 정치·경제·사회·문화의 급속한 변화에 신속히 적응하고, 공직과 관련된 상황에서 발생하는 새로운 문제에 대처할 수 있는 문제해결의 잠재력을 가진 사람을 공직에서 필요로 한다. 이러한 요구에 부응하기 위해 새로운 선발방식인 공직적격성평가(Public Service Aptitude Test : PSAT)가 도입되었다.

PSAT은 특정 과목에 대한 전문지식의 성취도 검사를 지양하고 신임관리자로서 필요한 기본적인 소양과 자질 등을 측정하기 위해 논리적·비판적 사고능력, 자료의 분석 및 정보추론능력, 판단 및 의사결정 능력 등 종합적 사고력을 평가하는 시험이다.

언어논리영역	문장의 구성 및 이해능력, 논리적 사고력 표현력, 추론능력 등을 측정
자료해석영역	통계처리 및 해석능력, 수치자료의 정리 및 분석능력, 정보화능력등을 측정
상황판단영역	상황의 이해능력 추론 및 분석능력, 문제해결능력, 편단 및 의사결정능력

02 문제출제의 방향

특정 과목에 대한 전문지식의 성취도 평가가 아니라 신임관리자로서 필요한 기본소양 및 자질의 평가를 목적으로 한다. 따라서 단순히 지식을 암기하여 해결 가능한 문제는 지양하고, 종합적이고 심도 있는 사고를 요하는 문제를 중심으로 출제한다.

03 수험준비의 기본 방향

PSAT는 기존의 과목별 평가와는 달리 종합적 사고력을 평가하기 때문에, 암기와 지식습득 위주의 단기간의 수험 준비를 통해서는 좋은 점수를 얻을 수 없다. 따라서 평상시에 폭넓은 독서와 토론 등을 통하여 주어진 문제나 상황을 정확히 이해·비판하고, 각종 기관에서 발표하는 통계 자료나 관련 기사를 심층적으로 분석하고, 사회적 이슈·사건의 원인·성격 등에 대한 이해를 바탕으로 대안을 찾아보려는 노력을 하는 등 종합적인 관점에서 수험준비를 해야 한다.

언어논리, 자료해석, 상황판단 영역은 여기에 제시한 문항 구성의 소재와 평가항목을 기초로 하되 다양하게 변형되어 출제될 수 있음을 감안하여 준비한다면 좋은 결과를 얻을 수 있을 것이다.

▌상황판단 영역 이해하기

01 상황판단은 어떤 영역인가?

상황판단영역은 구체적으로 주어진 상황을 이해하고 적용하여 문제점을 발견하는 능력과 이러한 문제를 해결하기 위하여 다양한 대안을 제시하고 선택하는 능력을 측정하는 영역이다. 세부적으로 상황판단영역은 구체적으로 상황의 이해능력, 추론 및 분석능력, 문제해결능력, 판단 및 의사결정 능력 등을 검정한다.

02 지문이나 문제의 소재는 어디서 출제되는가?

상황판단영역에서 출제되는 문제(지문)의 소재는 특정 분야에 치우치지 않고 인문과학, 사회과학, 자연과학 등 다양한 분야에서 공직자들이 접하게 될 실제적인 상황 구체적인 사회적 이슈, 공공정책 등을 문항(지문)으로 사용한다. 문제(지문)의 소재를 다양화한 것은 수험자들의 학습 부담을 늘리기 위한 것이 아니라 다양한 상황에 접근할 수 있는 논리적·비판적 사고능력과 문제해결능력 등을 함양하여 그 능력을 새롭고 다양한 분야에 적용할 수 있도록 하기 위해서이다. 구체적으로 그 난이도는 대학 교양 수준이다. 단, 교양 수준을 넘는 전문적인 개념이 사용된 경우에는 각주 등을 사용하여 그 개념의 의미를 이해할 수 있게 설명하고자 한다.

03 전공 지식이 필요한가?

상황판단영역은 기본적으로 특정 분야의 지식을 필요로 하지 않는다. 특정 분야의 지식을 습득·암기하려고 하기보다는 정보와 지식을 자신의 논리적·비판적 사고력으로 판단·분석하여 문제를 해결하려는 능력을 함양하는데 주력하는 것이 바람직하다.

04 상황판단의 문제 유형은 무엇이 있나?

유형 간의 구분은 경계가 명확하지 않다. 그 이유는, 상황판단은 “상황을 이해하고, 판단하여 논리적인 사고를 통해 그 안에 담긴 내용을 추론하고 이를 통해 문제를 해결하는 종합적인 능력”을 요구하기 때문이다. 출제자는 하나의 단편적인 능력을 사용하여 답을 도출할 수 있는 문제보다 다양한 능력을 종합적으로 사용하여 해결할 수 있는 문제를 출제하고자 한다. 그러나 수험생의 학습에 있어서는 문제의 유형마다 강조되는 역량에 학습의 초점을 맞출 필요가 있으므로 다음과 같이 ① 상황 이해 ② 법적 판단 ③ 논리 추론 ④ 문제 해결 4개의 파트로 구분을 하고 학습 전략을 세울 필요가 있다.

CONTENTS

01

실전연습 문제

01 다음 글을 근거로 판단할 때, 〈보기〉에서 옳은 것만을 모두 고르면?

아래 그림과 같이 한 변이 30cm인 정육면체가 있다. 이 정육면체의 표면은 검은색이지만 안 쪽은 흰색이다. 이 정육면체를 잘라서 한 변에 10cm인 정육면체들로만 이루어지도록 만들려고 한다.

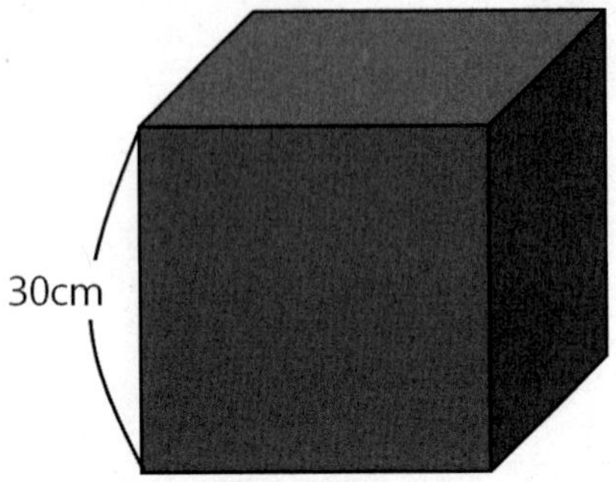

〈보 기〉

ㄱ. 한 변이 10cm인 정육면체는 총 27개가 나온다.
ㄴ. 한 변이 10cm인 정육면체 중 검은색 면이 3개인 정육면체는 총 9개다.
ㄷ. 한 변이 10cm인 정육면체 중 검은색 면이 2개인 정육면체는 총 12개이다.

① ㄱ
② ㄴ
③ ㄱ, ㄷ
④ ㄴ, ㄷ
⑤ ㄱ, ㄴ, ㄷ

02 다음 글과 〈상황〉을 근거로 판단할 때, 〈보기〉에서 옳은 것만을 모두 고르면?

2023년 아시아 · 유럽 대륙간 축구 친선대회는 대륙별로 각각 4개의 국가가 출전했다.

〈甲축구 대회 대륙별 출전 국가〉

대륙	국가
아시아	한국, 일본, 이란, 사우디아라비아
유럽	프랑스, 잉글랜드, 독일, 크로아티아

라운드마다 총 4번의 경기가 진행되었다. 라운드마다 한 국가는 한 번씩만 출전하며, 라운드의 4번의 경기 중에서 승리한 국가가 더 많은 대륙을 그 라운드의 승리 대륙으로 결정한다. 총 2개의 라운드를 먼저 승리한 대륙이 최종 승리한다.

〈상 황〉

2023년 아시아 · 유럽 대륙간 축구 친선대회는 총 4라운드가 진행되었으며 경기 결과는 다음과 같다.

〈라운드별 승리 대륙〉

라운드	1라운드	2라운드	3라운드	4라운드
승리 대륙	아시아	무승부	유럽	아시아

아시아 대륙의 국가들의 전적은 다음과 같다.

결과 / 국가	승리	무승부	패배
한국	3번		1번
일본	2번	1번	1번
이란		2번	2번
사우디아라비아		3번	1번

이란은 1라운드와 4라운드에서 패배했다.

〈보 기〉

ㄱ. 한국은 3라운드 출전 경기에서 승리했다.
ㄴ. 일본은 1라운드 출전 경기에서 승리했다.
ㄷ. 유럽 대륙의 3라운드 전적은 2승 2무이다.
ㄹ. 사우디아라비아는 3라운드 출전 경기에서 패배했다.

① ㄱ, ㄴ
② ㄱ, ㄷ
③ ㄴ, ㄷ
④ ㄴ, ㄹ
⑤ ㄷ, ㄹ

03 다음 글과 〈대화〉를 근거로 판단할 때, 선물을 2개 가지고 온 사람을 모두 고르면?

크리스마스를 앞두고 가영, 나리, 다솜, 라희 네 사람은 저녁 식사를 하기 위해 A 레스토랑에서 만났다. 이들은 모두 누군가에게 줄 선물을 가지고 저녁 식사에 참석했다. 각자 하나 이상의 선물을 가지고 왔으며, 이들이 가지고 있는 선물의 개수는 모두 합쳐 10개이다. 이 중 선물을 2개 가지고 온 사람의 진술은 거짓이고, 그 외 다른 사람들의 진술은 참이라고 한다.

〈대 화〉

가영 : 나리와 다솜의 선물의 개수를 합하면 5개이다.
나리 : 다솜과 라희의 선물의 개수를 합하면 5개이다.
다솜 : 라희와 가영의 선물의 개수를 합하면 5개이다.
라희 : 가영과 나리의 선물의 개수를 합하면 4개이다.

① 가영, 나리
② 나리, 다솜
③ 다솜, 라희
④ 가영, 나리, 다솜
⑤ 가영, 다솜, 라희

04 다음 글을 근거로 판단할 때, 〈상황 B〉를 작은 숫자부터 빈칸 없이 순서대로 배열하기 위해 필요한 최소한의 이동 횟수는?

주어진 칸 안에서 숫자를 이동시켜 숫자 간 위치를 바꿀 수 있다. 숫자는 빈칸으로만 이동할 수 있으며 1회의 이동에 하나의 숫자만 이동할 수 있다. 예를 들어 3개의 칸에 숫자 1과 2가 〈상황 A〉와 같이 들어있는 경우. 가장 앞칸부터 작은 숫자에서 큰 숫자로 빈칸 없이 순서대로 배열하기 위해서는 최소 3회의 이동이 필요하다.

〈상황 A〉

2	1	

2	1		➡		1	2	➡	1		2	➡	1	2		

〈상황 B〉

6	13	8	7	10	4	1	3	12	5	14	9	2	11	16	17	15	

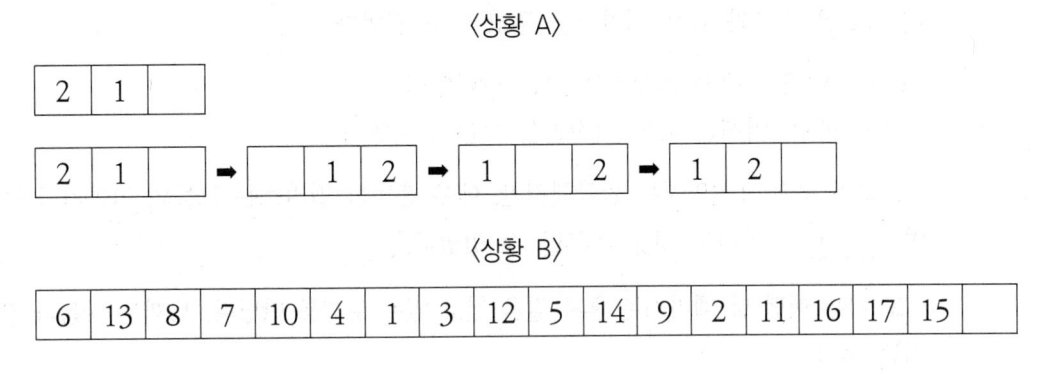

① 21회
② 22회
③ 23회
④ 24회
⑤ 25회

05 다음 글을 근거로 판단할 때, 〈보기〉에서 옳은 것만을 모두 고르면?

> 앨리스는 건망증이 심하다. 그러나 모든 사실을 깜빡하는 것은 아니며, 단지 오늘이 무슨 요일인지는 잘 기억하지 못한다. 앨리스는 하루는 토끼와 모자 장수를 만났다. 토끼는 월요일, 화요일, 수요일에는 거짓말만 하며, 나머지 요일에는 참말만을 한다. 이와 반대로 모자 장수는 목요일, 금요일, 토요일에는 거짓말만 하고, 나머지 요일에는 참말만을 한다.
>
> 어느 날 앨리스는 토끼와 모자 장수가 나무 그늘 아래서 함께 쉬고 있는 것을 발견했는데 그들은 다음과 같은 이야기를 주고 받고 있었다.
>
> 토끼 : 어제는 내가 거짓말을 하는 날이었어.
> 모자 장수 : 어제는 나도 거짓말을 하는 날이었지.
>
> 오늘이 무슨 요일인지는 깜빡했지만, 매우 총명한 앨리스는 그들의 이야기를 듣고 오늘이 [㉠]이라는 것을 추론할 수 있었다.
>
> 또 다른 어떤 날 앨리스는 혼자 길을 걷고 있는 토끼를 만났다. 토끼는 다음과 같은 이야기를 했다.
>
> 토끼 : 나는 어제 거짓말을 했어. 나는 3일 뒤에 거짓말을 할 작정이야.
>
> 앨리스는 토끼의 말을 듣고 오늘은 [㉡]이라는 것을 추론할 수 있었다.

〈보 기〉

ㄱ. ㉠에 들어갈 내용은 '목요일'이다.
ㄴ. ㉠에 들어갈 내용과 ㉡에 들어갈 내용은 같다.
ㄷ. 토끼가 '나는 어제 거짓말을 했어.' '나는 내일 거짓말을 할 작정이야.'라는 두 진술을 동시에 할 수 있는 요일은 없다.

① ㄴ
② ㄷ
③ ㄱ, ㄴ
④ ㄱ, ㄷ
⑤ ㄱ, ㄴ, ㄷ

06 다음 글과 〈상황〉을 근거로 판단할 때, 평생학습관의 2023년 상반기 수입으로 옳은 것은?

○ A군 평생학습관의 수입은 수강료 수입과 교재비 수입으로 구성된다.
○ 수강료는 접수된 수강생 수에 1인당 수강료를 곱해서 계산한다. 수강료는 평생학습관과 강사가 5:5의 비율로 나누어 갖는다.
○ 교재비는 접수된 수강생 수에 1인당 교재비를 곱하여 계산한다. 교재비는 저작권을 고려하여 평생학습관과 강사가 2:8의 비율로 나누어 갖는다.
○ 다음은 A군 평생학습관 2023년 상반기 강좌별 수강료 및 교재비 책정 내용이다.

강좌명	정원	요일	시간	1인당 수강료	1안당 교재비
한국 근현대사	12	목	10시~12시	2만	-
스피치	10	수	16시~18시	2만	-
생활 속 풍수지리	10	수	13시~16시	3만	1만
정리 수납	10	화	19시~21시	3만	1만 4천
사진	16	화	10시~12시	3만	1만 7천
사주명리학	10	금	13시~15시	2만	3만
건강 약초	12	월	13시~15시	3만	1만
아로마테라피	15	목	19시~21시	4만	-

※ 12시 이전에 시작하는 강좌를 오전강좌로 본다.

〈상 황〉

○ 오전 강좌는 정원을 모두 채웠다.
○ 18시 이후에 시작하는 저녁 강좌는 정원의 80%가 접수되었다.
○ 월요일과 수요일 강좌는 정원을 100% 채웠지만, 금요일 강좌는 정원의 70%만 접수되었다.

① 138만 2,800원
② 187만 1,200원
③ 203만 4,000원
④ 260만 5,800원
⑤ 325만 4,000원

07 다음 글을 근거로 판단할 때, 甲이 게임이 종료될 때까지 지나친 알파벳에 대응되는 숫자의 합은?

甲은 다음과 같은 게임을 하고 있다. 〈그림〉과 같은 게임 판 "시작" 칸에서 출발하여 한 칸씩 자신의 말을 이동시킬 수 있다. 말의 이동 방향은 좌, 우, 아래 방향으로 모두 가능하나 대각선으로 이동시킬 수는 없다. 또한 왔던 길을 되돌아가는 경우도 없다. 이러한 조건에 따라 맨 아래 "도착" 칸까지 이동하여야 게임이 종료된다. 다만, 주어진 알파벳 6개 중 단 3개만 사용해서 이동하여야 한다. 예를 들어 알파벳 A, B, C를 사용한다면 D, E, F가 적힌 칸을 지나쳐서는 안 된다.

알파벳	A	B	C	D	E	F
숫자	1	2	3	4	5	6

〈그림〉

C	F	A	<u>시작</u>	A	F	E
B	E	D	B	A	C	C
D	C	C	C	C	E	B
B	E	D	D	D	A	C
F	D	A	E	C	D	E
A	D	F	<u>도착</u>	F	D	C

① 31
② 33
③ 35
④ 37
⑤ 39

08 다음 글과 〈대화〉를 근거로 판단할 때 옳은 것은?

> 북위 선무제 514년 백성 A는 모친이 사망했지만 가난하여 장례를 치룰 수 없었기에, 7세 된 자식을 B에게 노비로 팔았다. 이 사건과 관련하여 甲, 乙, 丙, 丁 4명의 대신과 선무제가 의견을 나누었다. 그 후 선무제가 내린 판결은 다음과 같다.
>
> "4명의 대신들은 A와 B 각 사람에 대해 사면, 1년 형, 5년 형, 사형으로 모두 다른 의견을 가지고 있었소. 또한 A와 B에 대해 동일한 처분을 내리고자 하는 대신은 없었소. A를 사면하거나 사형에 처해야 한다는 견해를 내놓은 두 대신은 B에게는 1년형 또는 5년형을 내려야 한다고 주장했네. 이들의 의견의 일부는 나와 같소. 나 역시 A는 모친의 장례를 치루기 위해 자식을 판 것이므로 사면하고자 하오. 다만 자식을 판매한 사람보다 사람을 돈을 주고 구매하려 한 B의 죄질이 극히 나쁘다고 판단되어 B는 5년 형에 처하도록 하겠소."

〈대 화〉

> 甲 : 우리 4명의 대신 중 누구도 A와 B 두 사람에 대한 처분이 선무제와 완전히 일치한 사람은 없었소. 범죄자도 사람이기에 사형만은 면해야 한다는 나의 견해는 어느 정도 받아들여진 것 같아 다행이오.
>
> 乙 : 사형과 관련한 견해는 나도 동일하게 선무제에게 건의한 바 있었소. 다만 나는 A가 자식을 판 죄 또한 매우 엄중히 처벌해야 하기 때문에 사면해서는 안된다고 주장하였는데 아쉽게 되었소.
>
> 丙 : 나는 丁이 B를 사형해야한다고 선무제께 말하는 것을 들었소.
>
> 丁 : 맞네. 자네들 대화를 들어보니 내가 A에 대해 주장한 처분이 공교롭게도 甲이 B에 대해 주장한 처분과 같구려.

※ 단, 처분의 강도는 사형 > 5년형 > 1년형 > 사면의 순서로 강하다.

① 甲이 주장하는 B에 대한 처분이 乙이 주장하는 A에 대한 처분보다 강하다.
② 丙이 주장하는 A에 대한 처분은 선무제의 B에 대한 처분과 동일하다.
③ 丙이 주장하는 A, B에 대한 처분은 乙이 주장하는 A, B에 대한 처분에 비해 각각 더 강하다.
④ 丁이 주장하는 A에 대한 처분이 B에 대한 처분보다 더 강하다.
⑤ 丁이 주장하는 A에 대한 처분은 乙이 주장하는 B에 대한 처분보다 약하다.

09 다음 글을 근거로 판단할 때, 甲의 서브노트에 마지막으로 적힌 쪽수는?

> 고시생 甲은 시험 준비를 하면서 본인만의 서브노트를 만들려고 한다. A4용지 양면에 작성한 노트를 모아서 스프링 제본을 하고 쪽수를 매겼다. 단, 첫 번째 장은 표지가 있는 장이라 쪽수가 매겨지지 않았다. 두 번째 장부터 양면으로 순서대로 1쪽부터 쪽수를 매겼다. 모든 작업이 끝난 후 甲의 서브노트 쪽수를 표시하기 위해 총 654개의 숫자가 사용되었다. 예를 들어, 7쪽은 7, 1개의 숫자를 사용한 쪽수이며, 22쪽은 2와 2, 2개의 숫자를 사용한 쪽수이다. 마찬가지로 106쪽은 1과 0과 6, 3개의 숫자를 사용한 쪽수이다.

① 154쪽
② 155쪽
③ 254쪽
④ 255쪽
⑤ 256쪽

10 다음 글을 근거로 판단할 때, 〈보기〉에서 옳은 것만을 모두 고르면?

> 甲과 乙은 주사위 게임을 한다. 주사위 게임의 규칙은 다음과 같다. 매 라운드마다 각 경기자는 주사위를 한 번씩 굴려서 나온 숫자를 자신의 점수로 한다. 점수가 더 높은 사람이 해당 라운드의 승자가 된다. 단, 점수가 같은 경우에는 비긴다. 9번의 라운드를 진행해서 더 많은 라운드의 승자가 된 사람이 최종 승자가 된다.
>
> ○ 1라운드부터 4라운드까지 총 4번의 라운드에서 비긴 라운드는 존재하지 않는다.
> ○ 2라운드와 4라운드의 승자는 같은 사람이다.
> ○ 8라운드와 9라운드의 결과만으로 최종 승자를 결정하는 경우 甲이 승리한다.
> ○ 5라운드부터 9라운드까지의 결과만으로 최종 승자를 결정하는 경우 乙이 승리한다.
> ○ 5라운드는 두 사람의 점수가 같았다.

〈보 기〉

ㄱ. 9라운드는 두 사람의 점수가 같았다.
ㄴ. 2라운드의 승자가 甲이라면, 최종 승자는 甲이다.
ㄷ. 2라운드의 승자가 乙이라면, 최종 승자는 乙이다.

① ㄱ
② ㄴ
③ ㄷ
④ ㄱ, ㄷ
⑤ ㄴ, ㄷ

11 다음 글을 근거로 판단할 때, 2023년 5월 9일 甲이 출근할 때 입는 옷으로 옳게 짝지은 것은?

甲은 매일 어떤 옷을 입고 출근할지를 고민하는 시간이 아깝다고 느껴져 하나의 아이디어를 떠올렸다. 그 아이디어는 상의 5벌과 하의 3벌을 정해두고 상의와 하의를 순서대로 매일 번갈아서 입는 것이다. 甲이 정해둔 상의 5벌과 하의 3벌은 아래와 같다.

구분	착용 순서
상의	블라우스-니트-티셔츠-와이셔츠-가디건
하의	슬랙스-면바지-청바지

예를 들어, 1일 블라우스와 슬랙스를 입는 경우, 2일은 니트와 면바지를 입는다. 3일은 티셔츠와 청바지를 입고 4일은 와이셔츠와 슬랙스를 입는다. 그러나, 甲은 티셔츠와 슬랙스의 조합은 어울리지 않는 것 같아서 그 조합은 제외하고, 다음 조합을 하루 당겨서 입으려고 한다.

甲은 2023년 1월 9일 월요일 블라우스와 슬랙스를 입고 출근했다. (단, 甲은 토요일과 일요일을 제외하고 주 5일 출근을 하며 매주 금요일은 회의가 있어서 따로 준비해둔 정장을 입는다)

① 정장
② 니트, 슬랙스
③ 티셔츠, 청바지
④ 와이셔츠, 면바지
⑤ 가디건, 청바지

12 다음 글을 근거로 판단할 때, 월요병 극복 팀과 체력단련 팀의 경기 결과로 옳은 것은?

> 甲지역에는 4개의 조기축구팀이 있다. 4개의 팀의 이름은 월요병 극복, 행복한 사람, 가족 같은, 체력단련 이다. 4개의 축구팀은 서로 한 번씩 축구 경기를 하였다. 각 팀은 서로 다른 팀과 3번의 경기를 하게 되어 총 경기는 6번 진행되었다. 승리하면 승점 2점, 비기면 1점, 지면 0점을 획득한다. 경기 결과에 대해 알려진 내용은 다음과 같다.
>
> ○ 가족 같은 팀이 승점 5점으로 1등이다.
> ○ 월요병 극복 팀의 전적은 2승 1패이다.
> ○ 체력단련 팀은 3등이다.
> ○ 경기 결과 승점이 동점인 팀은 없다.
> ○ 경기 결과 승점이 0점인 팀은 없다.
> ○ 무승부인 경기가 존재한다면, 0:0으로 종료되었다.
> ○ 월요병 극복 팀은 3골을 넣었다.
> ○ 행복한 사람 팀은 3골을 넣었다.
> ○ 가족 같은 팀은 5골을 넣었다.
> ○ 체력단련 팀은 1골을 넣었다.
> ○ 행복한 사람 팀과 가족 같은 팀의 경기 결과는 3 : 4이다.

	월요병 극복	:	체력단련
①	3	:	0
②	2	:	1
③	0	:	0
④	1	:	2
⑤	0	:	3

13 다음 글을 근거로 판단할 때, 〈그림1〉에 있는 모든 64개 숫자의 합은?

A, B, C, D, E, F, G, H, I, J, K, L, M, N, O는 작은 수에서 큰 수로 연속한 자연수를 나타낸다. 〈그림1〉의 8×8숫자표를 4개의 4×4의 숫자표로 나누면 〈그림2〉와 같다. ㉣표에 있는 모든 수의 합은 576이다.

〈그림 1〉

A	B	C	D	E	F	G	H
B	C	D	E	F	G	H	I
C	D	E	F	G	H	I	J
D	E	F	G	H	I	J	K
E	F	G	H	I	J	K	L
F	G	H	I	J	K	L	M
G	H	I	J	K	L	M	N
H	I	J	K	L	M	N	O

〈그림 2〉

㉠

A	B	C	D
B	C	D	E
C	D	E	F
D	E	F	G

㉡

E	F	G	H
F	G	H	I
G	H	I	J
H	I	J	K

㉢

E	F	G	H
F	G	H	I
G	H	I	J
H	I	J	K

㉣

I	J	K	L
J	K	L	M
K	L	M	N
L	M	N	O

※ 연속한 자연수란, 작은 수와 큰 수의 차이가 1인 자연수를 의미한다.

① 1024
② 1280
③ 1920
④ 2048
⑤ 2304

14 다음 글을 근거로 판단할 때, 〈보기〉에서 옳은 것만을 모두 고르면? (단, 오늘은 2021년 2월 22일이다.)

> 甲, 乙, 丙, 丁 4명의 어린이는 각각 다른 색깔의 모자를 쓰고 있다. 이들이 쓰고 있는 모자는 빨간색, 노란색, 파란색, 초록색이며 이들의 나이는 모두 다르다. 이때 A가 4명의 어린이에 대해 다음과 같은 발언을 하였으며 A의 발언은 모두 참이다.
>
> ○ 4명의 어린이의 나이의 합은 나의 나이와 같다.
> ○ 파란색 모자를 쓰지 않은 丙은 빨간색 모자를 쓴 어린이보다 나이가 2살 어리다.
> ○ 8살인 어린이가 쓰고 있는 모자는 노란색이 아니다.
> ○ 丙은 甲보다 나이가 2살 어리다.
> ○ 乙이 쓰고 있는 모자는 초록색이 아니다.
> ○ 노란색 모자를 쓰지 않은 乙은 丁보다 나이가 1살 많다.

※ A는 1991년생이며 어린이가 아니다.
※ 나이를 계산할 때는 태어난 연도만을 고려하며, 구체적인 날짜는 고려하지 않는다. 예를 들어 2000년에 태어났다면 2021년에는 22살이다.

〈보 기〉

ㄱ. 빨간색 모자를 쓰고 있는 어린이는 9살이다.
ㄴ. 나이가 가장 많은 어린이는 나이가 가장 어린 어린이보다 4살 많다.
ㄷ. 노란색 모자를 쓰고 있는 어린이는 파란색 모자를 쓰고 있는 어린이보다 1살 어리다.

① ㄱ
② ㄴ
③ ㄷ
④ ㄱ, ㄴ
⑤ ㄴ, ㄷ

※ 다음 글을 읽고 물음에 답하시오. [문 15. ~ 문 16.]

10간은 갑(甲)·을(乙)·병(丙)·정(丁)·무(戊)·기(己)·경(庚)·신(辛)·임(壬)·계(癸)이고, 12지는 자(子)·축(丑)·인(寅)·묘(卯)·진(辰)·사(巳)·오(午)·미(未)·신(申)·유(酉)·술(戌)·해(亥)이다. 10간과 12지를 결합하는 방법은 처음에 10간의 첫째인 갑과 12지의 첫째인 자를 붙여서 갑자를 얻고, 다음에 그 둘째인 을과 축을 결합하여 을축을 얻는다. 이와 같이 순서에 따라 하나씩의 간지를 구해 나가 60개의 간지를 얻은 후, 다시 갑자로 되돌아온다. 결과적으로 하나의 간에 6개의 지가 배당되는 셈이다.

간과 지가 사용된 역사는 매우 길다. 중국의 기원전 1766에서 기원전 1123년에 걸친 상(商)나라의 역대 왕의 이름을 살펴보면 태갑(太甲)·옥정(沃丁)·천을(天乙) 등 10간의 글자로 된 이름이 많다. 따라서 이 시대에 이미 간지를 사용한 것으로 추측된다. 기존의 60간지는 원래 날짜를 세기 위하여 썼다고 알려져있으며 60이라는 주기는 약 두 달에 해당하는 주기를 나타낸다.

또한 10간 12지는 중국의 음양오행설과 결합하여 만물의 길흉을 판단하는 데 쓰였다. 사람의 성질과 운세를 점치기도 하고, 나날의 길흉과 방위의 선택 등을 살펴보기도 한다. 범띠인 사람은 성질이 거칠다고 판단하거나 소띠는 느긋하다고 판단하는 것이 그 예이다. 병오생(丙午生)인 사람에 대해서는, 오행설에 의하면 병(丙)은 화(火)를 의미하고 오(午)도 화를 의미하므로 화에 화가 겹쳤으니 이런 띠의 사람은 불에 불이 겹쳤다고 하여 성격이 거칠어서 다른 사람을 짓밟는다는 속신(俗信)이 있다. 그러나 이것들은 모두 미신에 불과하다.

간지를 나날에 하나씩 배당한 것을 일진(日辰), 다달에 하나씩 배당한 것을 월건(月建), 해마다 하나씩 배당한 것을 태세(太歲)라고 한다. 일진은 음양오행설에 따라 인간의 일상생활에서 흉한 것을 피하고 길한 것을 택하기 위한 수단으로 발달했다. 일진으로 길흉을 결정하는 일을 택일(擇日)이라고 하며 일진이 좋은 날을 가린다는 뜻이다. 일진을 보고 정하던 일은 혼인·출행·이사·행선·고사 등 다양하다. 인류문명이 지극히 발달된 오늘에도 일진을 보아서 좋은 날을 가려야 한다는 생각은 지배적이다. 그러한 사고가 많이 감소되어 개의하지 아니하는 사람도 있기는 하지만 아직도 이사를 하는데 손(白虎煞)이 없는 날인 아흐렛날과 열흘날에 이사하는 것이 통례로 되어 있다.

15 윗글을 근거로 판단할 때 옳은 것은?

① 범띠인 병오생 사람의 성격은 불같고 거칠다.
② 병오생인 사람보다 한 살 어린 사람은 을사생이다.
③ 60간지는 원래부터 길흉화복을 점치기 위해 사용되었다.
④ 기원전 14세기 중국 상나라에서는 이미 간지를 사용한 것으로 추측된다.
⑤ 오늘날에는 더 이상 일진을 보아서 길흉화복을 점치지 않는다.

16 윗글과 다음 〈표〉를 근거로 판단할 때, 1492년의 10간 12지와 띠를 바르게 짝지은 것은?

〈표〉

연도	간	지	띠	연도	간	지	띠
2004년	甲	申	원숭이	1994년	甲	戌	개
2003년	癸	未	양	1993년	癸	酉	닭
2002년	壬	午	말	1992년	壬	申	원숭이
2001년	辛	巳	뱀	1991년	辛	未	양
2000년	庚	辰	용	1990년	庚	午	말
1999년	己	卯	토끼	1989년	己	巳	뱀
1998년	戊	寅	범	1988년	戊	辰	용
1997년	丁	丑	소	1987년	丁	卯	토끼
1996년	丙	子	쥐	1986년	丙	寅	범
1995년	乙	亥	돼지	1985년	乙	丑	소

① 병신, 원숭이
② 임신, 원숭이
③ 임자, 쥐
④ 임유, 호랑이
⑤ 계자, 쥐

17 다음 글과 〈상황〉을 근거로 판단할 때, ㉠과 ㉡에 들어갈 내용으로 옳게 짝지은 것은?

甲 마을은 마을의 중심에서부터 마을 경계까지의 거리가 모든 지점에서 동일하다. 이러한 원형의 마을 경계를 따라 1m 간격으로 100개의 가로등이 놓여 있다. 1번부터 100번까지 번호를 단 학생들이 다음과 같은 규칙으로 100개의 가로등을 켜고 끈다고 한다. (단, 모든 가로등은 현재 꺼져있다)

○ 한 학생이 1m를 이동하는데 1분이 걸린다.
○ 학생들의 출발점은 1번 가로등으로 모두 동일하며, 1번 학생부터 번호 순서대로 출발한다.
○ 한 학생이 출발하고 1분 뒤 다음 번호의 학생이 출발한다.
○ n번인 학생은 출발점으로부터 n번째, 2n번째, 3n번째, …, kn번째 가로등으로 계속 이동하면서 꺼져 있는 가로등은 켜고, 켜져 있는 가로등은 끈다. 예를 들어 7번 학생이 1바퀴를 돌면 7번째, 14번째, 21번째,…, 98번째 가로등을 켜거나 끄게 된다.

〈상 황〉

○ 1번 학생이 100번 가로등에 도착했을 때, 76번 가로등의 상태는 (㉠)이다.
○ 1번부터 7번까지의 학생만 정확히 x바퀴를 돌았을 때, 모든 가로등이 꺼져 있었다면 x의 최솟값은 (㉡)이다.

① 켜진 상태, 35
② 켜진 상태, 42
③ 꺼진 상태, 35
④ 꺼진 상태, 42
⑤ 꺼진 상태, 49

18 다음 글을 근거로 판단할 때, 회차별로 가위바위보에서 이긴 사람을 바르게 나열한 것은?

> 甲과 乙은 가위바위보를 통해 계단을 올라가는 게임을 하고 있다. 이때 게임은 다음의 〈규칙〉에 따라 진행된다.
>
> 〈규 칙〉
>
> ○ 회차마다 1회의 가위바위보를 하여, 이긴 사람은 두 계단 위로 올라가고, 진 사람은 한 계단 아래로 내려간다.
>
> ○ 직전 회차의 가위바위보에서 이긴 사람은, 해당 회차의 가위바위보에서 이긴 경우 세 계단 위로 올라가고, 진 경우 한 계단 아래로 내려간다.
>
> ○ 직전 회차의 가위바위보에서 진 사람은, 해당 회차의 가위바위보에서 이긴 경우 두 계단 위로 올라가고, 진 경우 두 계단 아래로 내려간다.
>
> ○ 더이상 내려갈 계단이 없는 경우 움직이지 않는다. 예를 들어, 게임은 계단 바로 아래부터 시작하여 첫 회차의 가위바위보에서 이긴 사람은 두 번째 계단에 있게 되지만 진 사람은 그대로 계단 바로 아래에 있게 된다.
>
> 총 여섯 번의 게임에서 甲이 4승 2패를 한 결과, 甲은 여덟 번째 계단에, 乙은 세 번째 계단에 있었다.

	1회	2회	3회	4회	5회	6회
①	甲	甲	甲	甲	乙	乙
②	甲	甲	甲	乙	甲	乙
③	甲	甲	甲	乙	乙	甲
④	乙	乙	甲	甲	甲	甲
⑤	乙	甲	乙	甲	甲	甲

19 다음 글을 근거로 판단할 때, 甲의 빙고 판의 모습으로 가능한 것은? (색칠된 칸의 숫자가 지워진 것으로 본다.)

> 甲은 5×5의 게임 판에 1부터 99까지 숫자를 써넣는 빙고 게임을 한다. 빙고 게임의 규칙은 다음과 같다. 진행자가 임의의 숫자를 불렀을 때 자신의 빙고 판에 그 숫자가 쓰여 있으면 그 숫자를 지우는 것이다. 가로, 세로, 대각선 중 하나의 줄의 5개 숫자가 모두 지워지면 "빙고"를 외친다. 그 줄의 하나의 숫자만 더 지워지면 빙고가 되는 경우는 "아까비"상태라고 본다.

2	17	35	50	62
6	19	37	53	67
8	24	99	56	70
10	27	40	58	71
12	30	44	59	72

> ○ 맨 처음 진행자가 부른 숫자는 99이다.
> ○ 甲은 숫자 10개를 지웠다.
> ○ 세로로 한 줄이 "아까비" 상태이다.
> ○ 대각선으로 한 줄이 "아까비" 상태이다.
> ○ 일의 자리가 0인 숫자는 지워진 것이 없다.
> ○ 일의 자리가 2인 숫자는 딱 1개 지워졌다.
> ○ 왼쪽부터 4번째 세로줄은 숫자가 딱 1개 지워졌다.
> ○ 왼쪽부터 3번째 세로줄은 "아까비"상태가 되지 못했다.
> ○ 숫자가 하나도 지워지지 않은 가로줄이 있다.

①
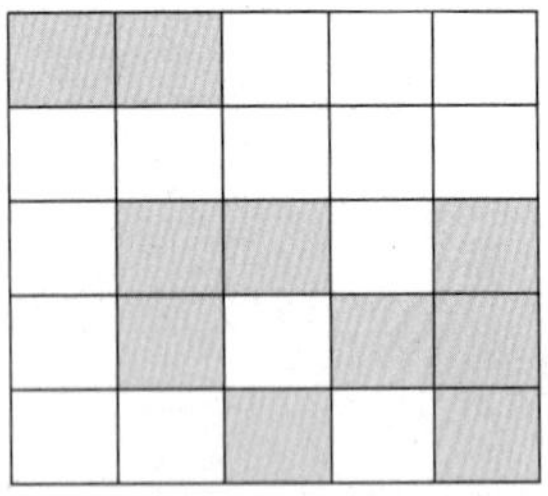

②
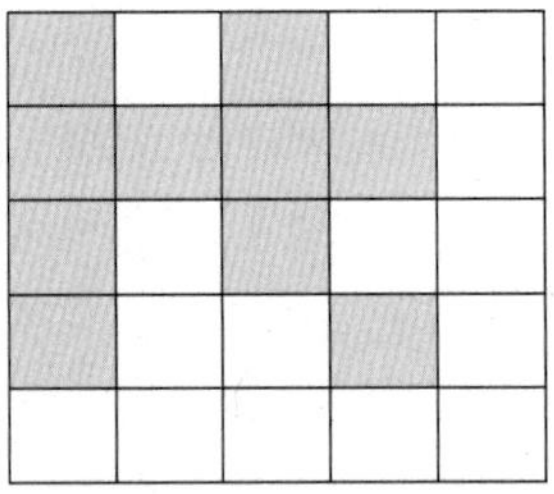

③
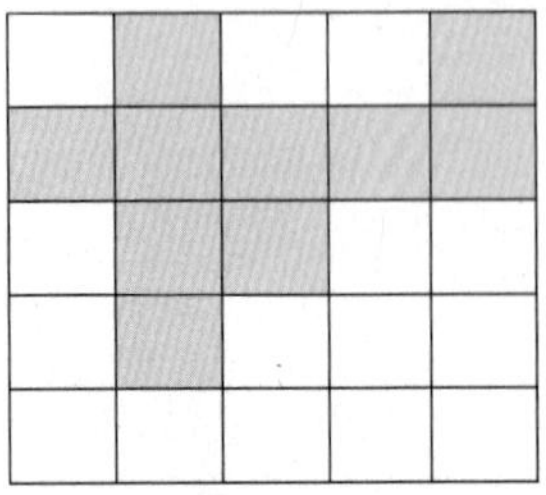

④
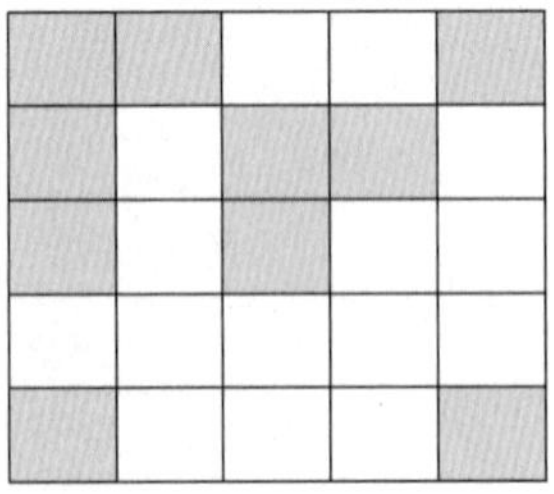

⑤
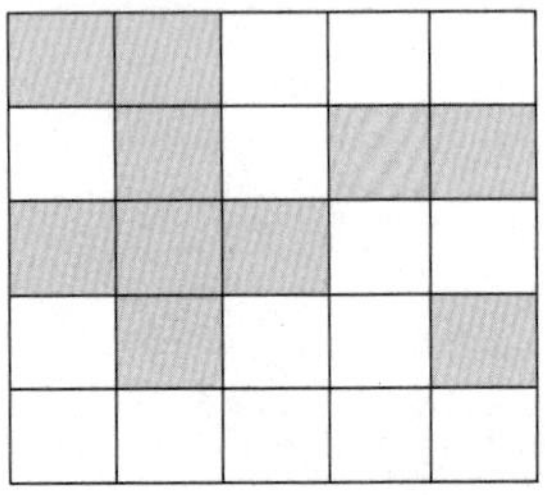

20 다음 글을 근거로 판단할 때, 甲이 월요일에 만든 모자의 개수로 옳은 것은?

> 甲은 취미로 뜨개질을 하고 있다. 이번 주 내내 甲은 추운 겨울을 맞아 어린 아이들에게 선물할 모자를 만들었다. 월요일부터 토요일까지 완성한 총 31개의 모자를 전부 가지고 일요일에 아이들에게 선물하고 왔다. 甲이 만든 모자에 대한 내용은 아래와 같다.
>
> ○ 목요일부터 토요일까지 만든 모자의 개수는 모두 15개이다.
> ○ 월요일과 토요일에 만든 모자의 개수를 더하면 10개 이상이다.
> ○ 화요일에 만든 모자의 개수는 금요일에 만든 모자의 개수의 절반이다.
> ○ 수요일에 만든 모자는 9개이다.
> ○ 목요일에 만든 모자의 개수는 수요일보다 1개 더 적다.
> ○ 하루에 모자를 가장 많이 만든 날은 9개 만들었으며, 월요일부터 토요일까지 매일 만든 모자의 개수는 모두 달랐다.

① 4
② 5
③ 6
④ 7
⑤ 8

21 다음 글을 근거로 판단할 때, 정답이 ○인 문항의 번호로만 바르게 짝지어진 것은?

○ 甲, 乙, 丙, 丁 4명의 사람들은 10문제의 OX퀴즈를 풀었다.
○ 문항별로 이들의 응답은 아래 주어진 〈표〉와 같다.

〈표〉

	1번	2번	3번	4번	5번
甲	×	○	×	×	○
乙	×	×	×	○	×
丙	○	○	×	×	×
丁	×	○	○	×	○

	6번	7번	8번	9번	10번
甲	○	×	×	×	○
乙	×	×	×	○	×
丙	○	○	×	○	×
丁	○	○	○	×	○

○ 甲은 9문제를 맞춰서 1등이다.
○ 丙과 丁은 6문제를 맞춰서 공동 2등이다.
○ 乙은 3문제를 맞춰서 꼴등이다.

① 1번, 2번
② 1번, 3번
③ 2번, 3번
④ 2번, 7번
⑤ 8번, 10번

22 다음 글을 근거로 판단할 때, 〈보기〉에서 옳은 것만을 모두 고르면?

마작은 중국에서 시작되어 일본 등 동아시아를 중심으로 확산되고 발전된 4인용 놀이로, 14개의 패를 이용하여 일정한 형태를 완성하는 일종의 보드게임이다. 예컨대 포커에서 7장의 카드를 이용하여 “원 페어”, “트리플”, “스트레이트” 등의 형태를 만들고 이를 “족보”라고 부르듯이, 마작에서는 14개의 패를 이용하여 “탕야오”, “혼일색”, “일기관통” 등의 형태를 만들고 이를 “역(役)”이라고 부른다.

마작의 패의 종류에는 수패(數牌)와 자패(字牌)가 있으며 한 세트의 마작패에는 각각 같은 패가 4개씩 들어있다. 수패는 수가 표시된 패로 세 종류의 수패가 각각 1부터 9까지를 표시하며, 종류는 일(一), 이(二), 삼(三), 사(四), 오(五), 육(六), 칠(七), 팔(八), 구(九)의 한자와 만(萬)자를 결합하여 수를 표시한 만수패(萬子), 그려진 원의 개수로 수를 표시한 통수패(筒子), 그려진 대나무의 개수로 수를 표시한 삭수패(索子)로 나뉜다.

다음으로 자패는 동(東), 남(南), 서(西), 북(北)의 방위가 적힌 풍패(風牌)와, 발(發), 중(中) 및 아무것도 적히지 않은 패로 흰 백(白) 자를 의미하는 백(白)패로 구성된 삼원패(三元牌)로 구분된다. 이때, 수패의 1, 9와 제시된 일곱 가지의 자패를 통틀어서 요구패(幺九牌)라고 부른다.

마작에서 역을 구성하는 기본 조건은 또이쯔(對子) 하나와 멘쯔(面子) 넷을 만드는 것이다. 또이쯔는 같은 종류의 패를 2개 모은 형태다. 멘쯔는 슌쯔(順子)와 커쯔(刻子)로 구분된다. 슌쯔는 같은 종류의 수패 3개가 2, 3, 4 등과 같이 연속되는 형태이다. 4만, 5통, 6삭과 같이 서로 다른 종류의 수패로 연속되는 숫자를 모은 경우나 9만, 1만, 2만과 같이 9만을 넘어서 다시 시작하는 형태로 연속되는 숫자를 모은 경우는 인정되지 않는다. 예를 들어 7, 8, 9를 의미하는 삭수패가 연속되는 형태는 슌쯔에 해당하는 것이다. 한편, 커쯔는 같은 종류의 패를 5만, 5만, 5만 또는 남, 남, 남과 같이 3개 모은 형태이다. 한 형태를 구성하는 데에 이미 사용된 패는 다른 형태를 구성하는 데에 중복하여 사용할 수 없다. 즉 역은 기본적으로 14개의 패가 2-3-3-3-3의 다섯 개 블록으로 구분된 형태를 갖추게 된다. 단 이외에도 특수한 형태를 역으로 인정하는 경우도 있는데, 예컨대 치또이(七対子)는 또이쯔만 7개를 모은 형태이며, 국사무쌍(国士無双)은 요구패를 종류별로 각각 1개씩 모두 모은 것에 그중 하나를 추가로 갖춘 형태이다.

〈보 기〉

ㄱ. ‘8만(八萬)’ 패가 포함된 멘쯔는 총 4가지이다.
ㄴ. 한 세트의 마작패에서 요구패가 차지하는 비중은 1/3 이상이다.
ㄷ. 같은 종류의 패가 2장씩 7쌍 있는 조합은 마작의 “역”을 구성할 수 있다.

① ㄱ
② ㄷ
③ ㄱ, ㄴ
④ ㄴ, ㄷ
⑤ ㄱ, ㄴ, ㄷ

23 다음 글을 근거로 판단할 때, 오늘의 요일과 진실을 말하는 사람을 옳게 짝지은 것은?

> 7명(A~G)이 오늘의 요일에 대해서 이야기를 나누고 있다. 7명 중 2명은 진실만을 말하며, 나머지 5명은 거짓만을 말한다.
>
> A : 3일 뒤는 목요일입니다.
> B : 오늘은 수요일입니다.
> C : 수요일은 내일입니다.
> D : 오늘은 월요일도, 화요일도, 수요일도 아닙니다.
> E : 그저께가 수요일이었습니다.
> F : 모레가 금요일입니다.
> G : 그저께는 금요일은 아니었습니다.

① 월요일, E
② 화요일, F
③ 수요일, B
④ 목요일, G
⑤ 금요일, D

24 다음 글과 〈순위 결정방식〉을 근거로 판단할 때, 〈보기〉에서 옳은 것만을 모두 고르면?

○ A시는 ◇◇구역의 정비사업을 담당할 업체를 선정하기 위하여 경쟁입찰을 실시하였다.
○ 입찰 결과 甲, 乙, 丙, 丁, 戊, 己 6개 기업이 참여하였다.
○ 5명의 위원들(가, 나, 다, 라, 마)이 각 업체의 제안서를 평가하였고 그 결과는 다음과 같다.

(단위 : 점)

업체명	위원 평가점수	4등급	3등급	2등급	1등급
	가	나	다	라	마
甲	80	65	65	70	80
乙	95	65	70	70	65
丙	65	80	65	65	85
丁	75	70	70	80	70
戊	75	65	70	75	75
己	70	80	60	65	80

○ A시는 위원들의 평가점수를 토대로 〈순위 결정 방식〉에 따라 순위를 산정한다. 단, 한 위원에게라도 60점 이하의 점수를 받은 업체는 순위 산정에서 제외한다.

〈순위 결정 방식〉

○ 방식(1) : 위원 5명의 평가점수의 평균이 높은 순으로 순위를 결정한다. 단, 동점인 업체가 있는 경우 최고점이 높을수록 순위가 높다.
○ 방식(2) : 위원 5명의 평가점수 중 최고점과 최저점을 제외한 나머지 점수의 평균이 높은 순으로 순위를 결정한다. 최고점 및 최저점이 복수인 경우 그 중 하나만을 골라 제외한다. 단, 동점인 업체가 있는 경우 나머지 점수 중 최고점이 높을수록 순위가 높다.

〈보 기〉

ㄱ. 甲은 방식(1)로 산정된 순위가 방식(2)로 산정된 순위보다 더 높다.
ㄴ. 방식(1)로 산정된 순위보다 방식(2)로 산정된 순위가 낮은 업체는 3개다.
ㄷ. 어떤 방식에 의하여도 산정된 순위가 바뀌지 않는 업체가 있다.

① ㄴ
② ㄷ
③ ㄱ, ㄴ
④ ㄱ, ㄷ
⑤ ㄴ, ㄷ

25 다음 글과 〈상황〉을 근거로 판단할 때, ◇◇카페의 홀서빙과 주방 담당으로 고용되는 아르바이트생의 조합으로 옳게 짝지은 것은?

○ ◇◇카페 사장 갑은 홀서빙과 주방 각 1명씩 아르바이트생을 뽑고자 한다.
○ 홀서빙 아르바이트생 고용 기준은 다음과 같다.
- 주 4일 이상 근무가 가능해야 하고 요일 선택은 자유롭다. 단, 매주 수요일은 필수 근무 요일이다.
- 주 4일 근무 가능자는 3점, 5일은 4점, 6일 이상은 5점을 부여한다.
- 카페와 거주지와의 거리가 가장 가까운 지원자에게 5점을 부여하고 거리가 멀어질수록 1점씩 감점하여 점수를 부여한다.
- 같은 조건이라면 경력자를 우선하고, 모두 경력이 있다면 여성을 우선으로 고용한다.
○ 주방 아르바이트생 고용 기준은 다음과 같다.
- 주 5일 이상 근무가 가능해야 한다. 다만 매주 토요일과 일요일은 필수 근무 요일이다.
- 경력이 3년 이상인 지원자는 5점을 부여하고 경력이 2년인 경우 4점, 1년인 경우 3점을 부여한다. 다만, 동종업계 경력만 인정된다.
- 카페와 거주지와의 거리가 3km 이상 떨어진 지원자에 대하여는 1점을 감점한다.
- 같은 조건이라면 일주일에 근무 가능한 요일이 많은 자를 우선으로 고용하고, 근무 가능한 요일 수가 같다면 남성을 우선으로 고용한다.

〈상 황〉

○ 홀서빙 아르바이트 지원자는 다음과 같다.

지원자	성별	근무불가요일	거주지와의 거리	경력 여부
A	여	월, 수, 금	100m	없음
B	남	화	500m	있음
C	여	목, 토	200m	있음
D	여	금	1,500m	있음
E	남	월, 목	700m	없음

○ 주방 아르바이트 지원자는 다음과 같다.

지원자	성별	근무불가요일	거주지와 거리	경력 사항
a	남	월	3,050m	카페 2년
b	남	수, 목	2,200m	식당 1년
c	여	수	1,500m	식당 8년
d	남	화, 토	3,500m	카페 5년
e	여	금	1,850m	카페 1년

	홀서빙	주방
①	B	a
②	B	e
③	C	a
④	C	e
⑤	D	d

26 다음 글을 근거로 판단할 때, 〈보기〉에서 옳은 것만을 모두 고르면?

> 甲회사에서 근무하는 A, B, C, D, E, F, G 7명은 공유 오피스에서 몇 개의 사무실을 임대했다. 1층에 사무실 3개, 2층에 사무실 2개를 임대했다. 사무실 중에는 1인실도 있으며 2인실도 있다. 1인실은 반드시 한 사람만 사용해야 하지만 2인실은 두 사람까지 사용할 수 있다.
>
> ○ 한강이 보이는 사무실은 1인실이다.
> ○ 한강이 보이는 사무실은 각 층에 1개씩 임대했다.
> ○ A와 F는 2층 사무실을 사용한다.
> ○ B와 G는 같은 사무실을 사용한다.
> ○ F와 D가 한강이 보이는 사무실을 사용한다.
> ○ C와 E는 서로 다른 층 사무실을 사용한다.

〈보 기〉

ㄱ. D는 1층 사무실을 사용한다.
ㄴ. 1층 사무실을 사용하는 사람은 총 5명이다.
ㄷ. A는 1인실을 사용하지 않는다.
ㄹ. 2인실은 혼자 사용하는 사람이 있다.

① ㄱ, ㄴ
② ㄱ, ㄷ
③ ㄴ, ㄹ
④ ㄱ, ㄷ, ㄹ
⑤ ㄴ, ㄷ, ㄹ

27 다음 글을 근거로 판단할 때, 문자판에서 단어 SPRING이 만들어지도록 6개의 이웃한 칸을 색칠하는 경우의 수는?

다음은 좌우대칭의 모양으로 36개의 칸에 S, P, R, I, N, G를 나누어 써놓은 문자판이다. 이 문자판에서 이웃한 칸끼리 연결하여 6개의 칸을 색칠하여 색칠된 부분이 단어 SPRING가 되도록 만들려고 한다. 〈예시〉는 6개의 칸을 색칠하여 단어 SPRING을 만든 경우이다. (단, 서로 다른 두 칸이 한 변을 공유하는 경우 이웃하는 것으로 본다.)

〈문자판〉

S	P	R	I	N	G	N	I	R	P	S
	S	P	R	I	N	I	R	P	S	
		S	P	R	I	R	P	S		
			S	P	R	P	S			
				S	P	S				
					S					

〈예시〉

S	P	R	I	N	G	N	I	R	P	S
	S	P	R	I	N	I	R	P	S	
		S	P	R	I	R	P	S		
			S	P	R	P	S			
				S	P	S				
					S					

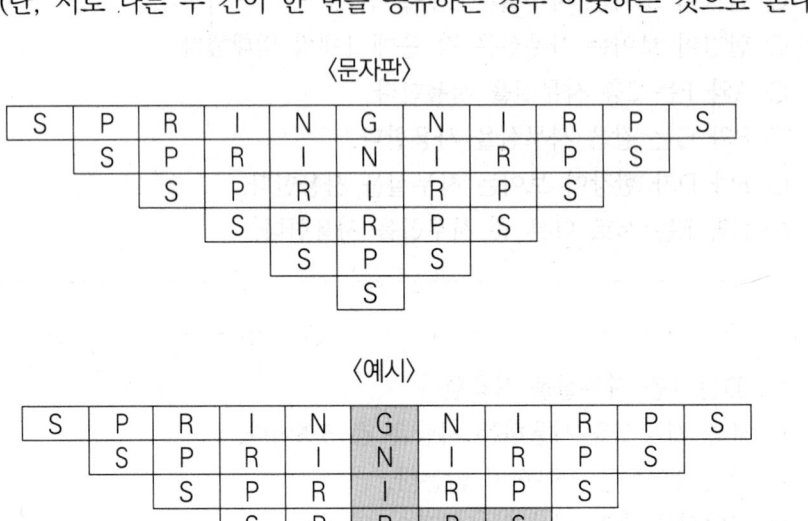

① 15가지
② 31가지
③ 36가지
④ 48가지
⑤ 63가지

28 다음 글을 근거로 판단할 때, 〈그림2〉에서 A 타일이 위치할 수 있는 곳의 번호로 옳은 것은?

가로와 세로의 길이가 1인 타일로 구성된 타일 조각이 6개 있다. 타일 조각은 〈그림1〉과 같이 타일을 한 개 이상을 붙여서 일정한 모양을 이루고 있다. 6개의 타일 조각을 가지고 〈그림2〉와 같은 욕실 바닥을 남김없이 채우려고 한다. 타일은 뒤집거나 회전하여 사용하는 것도 가능하다.

〈그림1〉

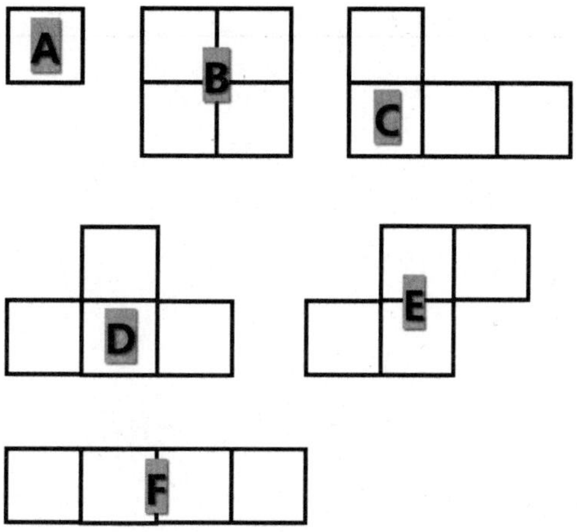

〈그림2〉

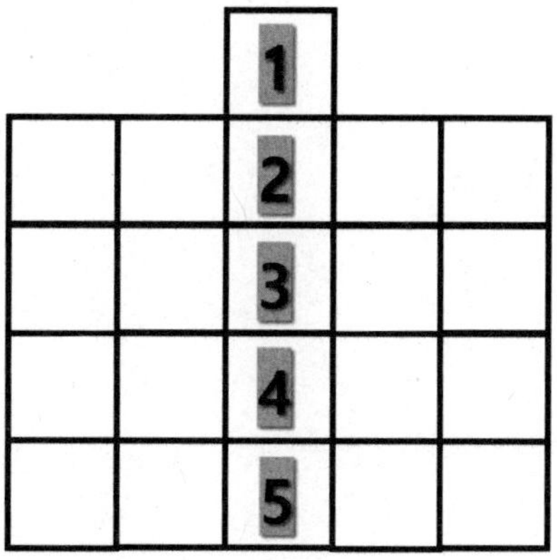

① 1번
② 2번
③ 3번
④ 4번
⑤ 5번

29 다음 글을 근거로 판단할 때 ⓐ로 가능한 숫자의 개수는?

어떤 컴퓨터는 숫자를 입력하면 특정한 규칙에 따라 새로운 숫자가 출력되어 나온다. 만약 입력한 숫자가 홀수라면 입력한 숫자보다 3 큰 숫자가 출력되고, 짝수라면 입력한 숫자를 2로 나눈 숫자가 출력된다. 甲은 컴퓨터에 숫자 [ⓐ] 를 입력하여 출력된 숫자를 다시 컴퓨터에 입력했다. 그리고 새롭게 출력된 숫자를 다시 컴퓨터에 입력한 결과 7이 출력되었다.

① 1개
② 2개
③ 3개
④ 4개
⑤ 5개

30 다음 글과 〈상황〉을 근거로 판단할 때, 암호화된 수식의 결과로 옳은 것은?

> 알파벳 10개(E, F, I, N, O, R, S, T, X, Y)는 각각 0부터 9까지의 정수에 해당한다. 하나의 알파벳 대문자는 하나의 숫자를 표시하며, 각각의 알파벳은 서로 다른 숫자를 표시한다. 아래의 수식은, 각 자리의 자연수에 해당되는 알파벳을 통해 암호화되었다.
>
> FORTY + TEN + TEN = SIXTY
>
> ○ 알파벳을 통해 암호화된 수의 첫 자리는 0이 아니다. 즉, 위의 수식에서 F, T, S는 0이 아니다.
> ○ Y는 F의 3배이다.
> ○ Y와 T의 약수의 개수는 동일하다.

※ 예를 들어 A가 1, B가 2, C가 3, D가 5에 해당하는 경우 AB + C = AD라는 암호화된 수식을 해석하는 것이 가능하다.

〈상 황〉

> FOX + YES = ?

① F I N
② F E R
③ O X R
④ O N S
⑤ Y I R

31 다음 글을 근거로 판단할 때, 〈보기〉에서 옳은 것만을 모두 고르면?

○ 타율과 출루율을 계산하는 방식은 다음과 같다. (타율과 출루율은 소수점 넷째 자리에서 버림한다)
- 타율 : 안타 / 타수
- 출루율 : (안타 + 볼넷) / 타석
- 타수 : 볼넷을 기록한 타석을 제외한 타석 수
- 타석 : 타석에 들어선 횟수

○ 다음은 8월 4일부터 10일까지 매일 진행된 야구선수 A의 타석 정보이다. 8월 8일과 9일의 타석 별 정보는 기록 시스템 오류로 알 수 없는 상태이다.

	첫 번째 타석	두 번째 타석	세 번째 타석	네 번째 타석	다섯 번째 타석
8월 10일	안타	안타	안타	안타	볼넷
8월 9일					
8월 8일					
8월 7일	안타	삼진	삼진	삼진	-
8월 6일	삼진	삼진	안타	안타	볼넷
8월 5일	안타	볼넷	삼진	안타	-
8월 4일	삼진	안타	볼넷	삼진	-

A는 경기마다 네 타석 또는 다섯 타석에 들어선다. A는 한 경기에 들어선 타석에서 모두 동일한 결과를 기록하지 않는다. 예를 들어 한 경기에서 다섯 타석에 들어선 경우 모두 안타만 5개를 기록하거나, 볼넷만 5개를 기록하거나, 삼진만 5개를 기록하는 경우는 없다. 야구 경기는 매일 한 경기씩 계속 진행된다.(단, A는 안타, 삼진 또는 볼넷만 기록한다)

〈보 기〉

ㄱ. 8월 4일부터 10일까지의 A의 타율로 가능한 최댓값은 0.7 이하이다.
ㄴ. 8월 4일부터 10일까지 A의 타율로 가능한 최솟값은 0.4 이하이다.
ㄷ. 만약 8월 11일부터 20일까지 경기마다 기록하는 안타의 개수가 바로 전날 경기에서 기록한 안타의 개수와 달라지는 경우, 8월 11일부터 20일까지 10경기에 대한 출루율의 최솟값은 0.2이다.

① ㄴ
② ㄷ
③ ㄱ, ㄴ
④ ㄱ, ㄷ
⑤ ㄱ, ㄴ, ㄷ

32 다음 글을 근거로 판단할 때, 甲이 종이에 적은 것이 확실한 수는?

> 甲은 A와 B가 모르게 두 개의 자연수를 종이에 적었다. A와 B는 甲이 두 개의 연속한 자연수를 적었다는 것만을 알고 있다. 이때 甲이 A에게만 귓속말로 자신이 적은 두 개의 수 중 하나의 수를 알려주었다. 또한 B에게만 귓속말로 자신이 적은 두 개의 수 중 A에게 알려주지 않은 다른 하나의 수를 알려주었다. 다음은 그 후 이어진 A와 B두 사람의 대화의 내용이다.
>
> A : 나는 네가 들은 수를 모르겠어.
> B : 나도 네가 들은 수를 모르겠어.
> A : 이제 나는 네가 들은 수를 알겠어.
> B : 이제 나도 네가 들은 수를 알겠어.

① 1
② 2
③ 3
④ 4
⑤ 5

33 다음 글을 근거로 판단할 때, 甲과 乙이 맞춘 문제의 수(N)과 빈칸 A에 들어갈 수 있는 숫자가 올바르게 짝지어진 것은?

> 형제인 甲과 乙에게 이들의 아버지인 丙은 한 가지 제안을 했다. 용돈을 주려고 하나, 자신이 내는 퀴즈를 맞추면 맞춘 개수에 따라 용돈을 주는 것이다. 그 방식은 예를 들어 甲과 乙이 같이 N개의 퀴즈를 맞췄다면, N×N 만원의 용돈을 丙으로부터 받는 것이다. 두 사람은 丙의 퀴즈 게임에 승낙했고, 협력해서 퀴즈를 풀고 얼마간의 용돈을 받게 되었다. 두 사람은 용돈을 가지고 같이 필요한 물건을 사기로 했다. 우선 장당 10만 원짜리 문화상품권을 몇 장 구매하고, 남은 돈으로는 케이크를 1개 샀더니 모든 돈을 다 쓰게 되었다. 그러나 집에 돌아오는 길에 甲과 乙은 말다툼을 벌이게 되었고 이들은 상품권을 반씩 나누려고 했으나 같은 수의 상품권을 나눠가지고도 1장이 남았다. 그래서 甲은 상품권을 1장 더 가져가고 乙은 케이크를 가져가기로 했다. 그 이후에 두 사람이 나눈 대화는 다음과 같다.
>
> 乙 : 너보다 나의 몫이 적어. 케이크가 상품권보다 값이 저렴하잖아!
> 甲 : 그건 맞지. 대신 내가 현금으로 [A] 만원을 줄게. 그러면 너는 만족하겠어?
> 乙 : 좋아. 그렇게 하자.

	맞춘 문제의 수(N)	A
①	15	2
②	15	4
③	16	2
④	16	4
⑤	17	2

34 다음 글을 근거로 판단할 때, 〈보기〉에서 옳은 것만을 모두 고르면?

> 甲과 乙은 '숫자야구 게임'을 하고 있다. 숫자야구 게임의 규칙은 다음과 같다.
>
> 〈수비〉
>
> ○ 수비자는 1에서부터 9까지 9개의 자연수 중 3개를 선택하여 세 자리로 배열한다.
> ○ 숫자 배열은 크기와 상관없이 할 수 있다.
>
> 〈공격〉
>
> ○ 공격자는 수비자에게 세 자리 숫자를 말하여 공격한다.
> ○ 수비자가 정한 세 자리 숫자에 있는 숫자이지만 배열순서가 틀렸다면 숫자 하나당 1볼이다.
> ○ 수비자가 정한 세 자리 숫자에 있는 숫자이고 배열 순서도 같다면 숫자 하나당 1스트라이크이다.
> ○ 세 자리 숫자에 해당하지 않는 3개의 숫자를 말하면 아웃이다.
>
> 〈예시〉
>
> 수비수가 생각한 세 자리 숫자가 '735'일 때 공격자가 312를 말하면 숫자 3을 맞혔으나 자리가 틀렸으니 1볼이다. 739를 말하면 숫자 3과 7은 자리까지 맞혔고 숫자 5는 자리는 틀렸으니 2스트라이크이다. 만약 846을 말했다면 맞힌 숫자가 하나도 없으니 1아웃이다.
>
> 甲이 수비자이고 乙이 공격자인 상황에서 乙이 '916'을 말하자 甲이 1스트라이크라고 알려주었다.

〈보 기〉

ㄱ. 乙이 '456'을 말했을 때도 1스트라이크라고 알려주었다면 세 자리 숫자로 가능한 경우의 수는 12가지이다.
ㄴ. 乙이 '627'을 말했을 때, 아웃이라고 알려주었다면 세 자리 숫자로 가능한 경우의 수는 40가지이다.
ㄷ. 乙이 '942'를 말했을 때 1볼이라고 알려주었다면 세 자리 숫자로 가능한 경우의 수는 24가지이다.

① ㄱ
② ㄴ
③ ㄷ
④ ㄱ, ㄷ
⑤ ㄴ, ㄷ

35 다음 글을 근거로 판단할 때, 甲~戊를 중간고사 수학성적이 낮은 사람부터 나열한 것으로 옳은 것은?

> 甲, 乙, 丙, 丁, 戊 5명의 중간고사 수학 성적은 50점, 60점, 70점, 80점, 90점으로 모두 다르다. 이들의 〈진술〉은 자신보다 낮은 점수를 받은 사람에 대해 이야기하는 경우 진실이고, 자신보다 높은 점수를 받은 사람에 대해 이야기하는 경우 거짓이다. 이때 진실을 말하고 있는 사람은 단 1명이라는 것이 알려져 있다.
>
> 〈진 술〉
>
> 甲 : 乙은 60점 이거나 70점이다.
> 乙 : 丙은 50점 이거나 70점이다.
> 丙 : 丁은 80점 이거나 90점이다.
> 丁 : 戊는 80점 이거나 90점이다.
> 戊 : 甲은 50점 이거나 70점이다.

① 乙 - 甲 - 戊 - 丁 - 丙
② 甲 - 乙 - 戊 - 丙 - 丁
③ 丙 - 丁 - 戊 - 甲 - 乙
④ 丁 - 戊 - 乙 - 丙 - 甲
⑤ 戊 - 乙 - 丁 - 甲 - 丙

36 다음 글을 근거로 판단할 때, 〈보기〉에서 옳은 것만을 모두 고르면?

甲, 乙, 丙 3명이 배드민턴 경기를 하였다. 경기는 일대일 방식으로 총 13번의 경기가 진행되었고, 지난 경기에서 패배한 사람은 다음 경기에 참여하지 않고 심판을 봤다. 이때, 이들의 경기 결과에 대하여 아래와 같은 사실이 알려져 있다.

○ 1번째 경기는 甲과 丙의 경기로, 乙은 심판을 봤다.
○ 1번째 경기 결과 甲이 패배하였다.
○ 13번째 경기 결과 乙이 패배하였다.
○ 乙은 9번, 丙은 1번 승리하였다.

〈보 기〉

ㄱ. 2번째 경기 결과 乙이 승리하였다
ㄴ. 甲이 연속으로 승리한 경기는 최대 2경기이다.
ㄷ. 乙이 연속으로 승리한 경기는 최대 8경기이다.
ㄹ. 丙은 심판을 본 경기 다음 경기는 반드시 패배하였다.

① ㄱ, ㄴ
② ㄱ, ㄹ
③ ㄴ, ㄷ
④ ㄱ, ㄴ, ㄹ
⑤ ㄱ, ㄷ, ㄹ

37 다음 글을 근거로 판단할 때 옳은 것은?

동혁과 병길은 축구 경기에 참가한 5팀(甲~戊)의 순위에 대해 예측하였다. 경기가 모두 종료된 후 경기 결과를 확인해보니 다음과 같은 사실이 알려졌다.

○ 동혁의 예측은 어느 사람의 순위에 대한 것도 옳지 않은 내용이었다.
○ 동혁은 모든 사람의 순위에 대해 실제 경기 결과 순위와 2 이상 차이가 나는 순위를 예측하였다.
○ 병길의 예측은 단 한 사람의 순위에 대해서만 옳은 내용이었다
○ 경기 결과 순위가 동일한 팀은 없다.

〈순위 예측 내용〉

	1위	2위	3위	4위	5위
동혁	乙	戊	甲	丁	丙
병길	甲	丁	戊	丙	乙

단, 본인의 구매 가능 요일에 구매하지 않을 경우 그 주의 구매 가능 개수는 이월되지 않으며 소멸된다. 마스크를 주중과 주말에 나누어 구매할 수는 없다.

① 甲은 1위이다.
② 乙은 3위이다.
③ 丙은 2위이다.
④ 丁은 1위이다.
⑤ 戊는 5위이다.

38 다음 글을 근거로 판단할 때, 〈보기〉에서 옳은 것만을 모두 고르면? (2023년은 계묘년이다.)

천간(天干)인 갑(甲), 을(乙), 병(丙), 정(丁), 무(戊), 기(己), 경(庚), 신(辛), 임(壬), 계(癸)와 지지(地支)인 자(子), 축(丑), 인(寅), 묘(卯), 진(辰), 사(巳), 오(午), 미(未). 신(申), 유(酉), 술(戌), 해(亥)에서 천간(天干)은 그대로 두고 지지(地支)가 5번 돌면 60갑자(六十甲子)가 완성된다. 천간의 처음 글자인 甲자와 지지의 처음 글자인 子자를 시작으로 천간과 지지를 순서대로 배합하여 총 60개가 조합되므로 甲子에서 시작하여 甲子로 돌아오기까지 60년이 있어야 된다. 甲이 다시 돌아왔다는 의미의 환갑(還甲)이라는 용어도 자기가 태어난 해의 육십갑자가 다시 돌아왔다는 것을 의미하는 용어이다.

〈보 기〉

ㄱ. 2145년은 을사년이다.
ㄴ. 1991년은 신신년이다.
ㄷ. 21세기에 경인년은 총 1번 있다.
ㄹ. 16세기 후반 임진년으로부터 19세기 후반 갑신년까지의 기간은 300년 미만이다.

① ㄱ, ㄷ
② ㄱ, ㄹ
③ ㄴ, ㄷ
④ ㄱ, ㄴ, ㄹ
⑤ ㄱ, ㄷ, ㄹ

39 다음 글을 근거로 판단할 때, 원일이의 정답지로 가능한 것은?

태현, 민석, 원일은 10문제의 ○× 퀴즈를 풀었다. ○× 퀴즈에서 한 문제 당 점수는 10점이며, 10문제 중 3명이 동시에 모두 틀린 문제는 없으며, 2번 문제의 정답은 ○이고 5번 문제의 정답은 ×라는 사실이 알려져 있다. 한편 태현, 민석, 원일의 답안지 일부와 점수가 다음과 같이 주어져 있다.

이름 \ 번호	1	2	3	4	5	6	7	8	9	10	점수
태현	×	○	×	×	×	×	×	×	×	○	80
민석	○	○	×	○	×	×	○	×	○	○	40
원일		○			×			×		○	60

	1	2	3	4	5	6	7	8	9	10
①	×	○	○	○	×	×	○	×	○	○
②	×	○	×	○	×	○	○	×	×	○
③	○	○	×	×	×	×	○	×	○	○
④	○	○	○	○	×	○	○	×	○	○
⑤	○	○	○	×	×	×	○	×	×	○

40 다음 글을 근거로 판단할 때, 사과를 훔친 범인을 모두 고르면?

> 甲, 乙, 丙, 丁, 戊 중에 사과를 훔친 범인이 있다는 사실이 밝혀졌다. 도난당한 사과는 1개 이상이라, 범인도 1명 이상일 수 있다는 사실이 알려져있다. 5명의 용의자는 다음과 같이 진술했으며 실제로 5명의 용의자 중에 사과를 훔친 범인이 있다는 것이 밝혀졌다. 단, 사과를 먹지 않은 사람은 사과를 훔친 범인이 아니라는 사실이 확인되었다. 5명의 용의자 중 2명은 거짓만을 말했으며 나머지 3명은 참만을 말했다.
>
> 甲 : 나는 사과를 훔치지 않았다. 乙도 사과를 훔치지 않았다.
> 乙 : 사과를 훔친 사람은 나다. 戊는 사과를 먹지 않았다.
> 丙 : 나는 사과를 먹지 않았다. 乙 또는 戊도 사과를 먹지 않았다.
> 丁 : 나는 사과를 훔치지 않았다. 戊도 사과를 훔치지 않았다.
> 戊 : 나는 사과를 훔치지 않았다.

① 甲
② 甲, 丙
③ 丙
④ 戊
⑤ 丙, 戊

41 다음 글을 근거로 판단할 때 방 안에 갇혀있던 사람들의 최대 인원수는?

> 많은 사람들이 하나의 거대한 방 안에 갇혀있었다. 그때 방 가운데 놓여있는 오래된 TV 화면에서 가면을 쓴 남자가 등장하더니, 이 방을 탈출하는 방법에 대해 다음과 같이 이야기했다.
>
> "저 벽 위에 문이 보이나. 저 문이 바로 탈출구다. 너희는 그 앞에 놓인 계단을 올라가야지만 그 문을 통과하고 여기를 탈출 할 수 있다. 계단은 한 번에 1칸 또는 2칸씩만 올라갈 수 있다. 그러나 앞에 계단을 올라갔던 사람 중 누군가가 올라간 방법과 동일한 방법으로 계단을 올라가게 되면 계단은 무너지고 남은 사람들은 아무도 탈출할 수 없게 된다. 다들 어디 한 번 무사히 탈출해 보도록 해라."
>
> 다들 고개를 들어 계단을 세어보니 문이 있는 칸까지 총 12칸의 계단이 놓여있었다. 사람들이 너도나도 먼저 계단을 올라가려고 하자 누군가 소리쳤다.
>
> "다들 잠깐만 멈추세요! 제 생각에 우리 여기서 모두 무사히 탈출할 수 있어요"
>
> 그 사람이 제시한 방법을 통해서 사람들은 순서대로 한 명씩 계단을 모두 다른 방법으로 올라갔고, 모두 무사히 그 방을 탈출할 수 있었다.

① 220명
② 223명
③ 230명
④ 233명
⑤ 235명

42 다음 글을 근거로 판단할 때, A대학교에 재학중인 학생 중 거짓말만을 하는 학생의 수는?

> A대학교에는 250명의 학생이 재학중이다. 어떤 학생들은 항상 참말만을 하며, 나머지 학생들은 항상 거짓말만을 한다. 250명의 학생은 모두 소속 학과가 있으며, 소속 학과가 없거나 두 개 이상의 학과에 소속된 학생은 아무도 없다. 250명의 학생을 대상으로 다음 4개의 질문이 담긴 설문조사를 진행했으며, 무응답자는 없었다.
>
> 질문 1. 당신은 경제학과 소속입니까?
> 질문 2. 당신은 정치외교학과 소속입니까?
> 질문 3. 당신은 행정학과 소속입니까?
> 질문 4. 당신은 전자공학과 소속입니까?
>
> 질문 1.에 '그렇다'라고 대답한 학생은 90명이다. 질문 2.에 '그렇다'라고 대답한 학생은 100명이다. 질문 3.에 '그렇다'라고 대답한 학생은 80명이다. 질문 4.에 '그렇다'라고 대답한 학생 역시 80명이다.
>
> ※ A대학교에는 경제학과, 정치외교학과, 행정학과, 전자공학과 4개 학과만 존재한다.

※ A대학교에는 경제학과, 정치외교학과, 행정학과, 전자공학과 4개 학과만 존재한다.

① 50명
② 100명
③ 150명
④ 200명
⑤ 250명

43 다음 글을 근거로 판단할 때 옳지 않은 것은?

콜롬보 형사는 탐정 유명한에게 베이커은행 강도 사건과 관련하여 몇 가지 사실을 제시하면서 범인이 누구인지 물어보았다.

○ A가 범인이고 B가 결백하다면, C는 범인이다.
○ C는 결코 단독 범행은 하지 않는다.
○ A와 C는 결코 함께 범행을 하지는 않는다.
○ 이번 사건에는 A, B, C 이외에 다른 관련자는 없으며 이들 가운데 적어도 한 사람은 범인이다.

제시된 위의 사실을 들은 명한은 '적어도 [㉠]는 틀림없이 범인이다.'라고 대답했다.

다음 사건은 박물관 명화 도난 사건이다. 또다시 콜롬보 형사는 탐정 유명한에게 몇 가지 사실을 제시하며 자문을 구했다.

○ E는 결백하다.
○ F가 범인이라면, 그에게는 딱 한 명의 공범이 있다.
○ G가 범인이라면, 그에게는 딱 두 명의 공범이 있다.
○ 이번 사건에는 E, F, G, H 이외에 다른 관련자는 없으며 이들 가운데 적어도 한 사람은 범인이다.

제시된 위의 사실을 들은 명한은 '적어도 H는 [㉡]이(하)다.'라고 대답했다.

① ㉠에 들어갈 내용은 'B'이다.
② 베이커은행 강도 사건에서 A가 범인이라면 B도 범인이다.
③ 박물관 명화 도난 사건에서 F가 범인이라면 G는 범인이 아니다.
④ 박물관 명화 도난 사건에서 F가 결백하다면, 범인은 단 한 명이다.
⑤ ㉡에 들어갈 수 있는 내용이 '범인' 또는 '결백' 중 하나라면, 들어갈 내용은 '결백'이다.

44 다음 글을 근거로 판단할 때, 甲이 사용한 3권을 넣을 수 있는 크기의 상자의 개수는?

> 甲은 자신이 가진 만화책을 정리하려고 한다. 甲이 가진 만화책은 35종으로 각 종마다 13권부터 47권까지 서로 다른 권수의 책으로 구성되어 있다. 甲은 자신이 가진 만화책 서로 다른 종끼리 구분되도록 모두 상자에 정리하려고 한다. 책을 넣을 수 있는 상자는 한 번에 5권을 넣을 수 있는 크기의 상자와 한 번에 3권을 넣을 수 있는 크기의 상자 2가지 종류뿐이다. 5권을 넣을 수 있는 크기의 상자를 최대한 많이 사용하려고 한다. 甲이 가진 책은 모두 상자에 들어가야 하며, 어떤 상자에도 남은 공간은 없어야 한다.

① 62개
② 65개
③ 70개
④ 78개
⑤ 80개

45 다음 글을 근거로 판단할 때, 〈보기〉에서 옳은 것만을 모두 고르면?

○ 런던에 살고있는 甲은 출장을 가려고 한다. 甲은 런던 시간을 기준으로 1월 7일 오전 10시에 비행기를 타고 출발하여 늦어도 1월 12일 오전 10시에는 다시 런던에 도착하여야 한다. 런던을 출발해서 서울, 방콕, 시애틀을 순서대로 들렀다가 다시 런던으로 돌아와야 하며, 런던을 제외한 각 국가에 적어도 24시간 체류해야 한다.

○ 런던은 GMT+0, 서울은 GMT+9, 방콕은 GMT+7, 시애틀은 GMT-7을 표준시로 사용한다. (즉, 런던이 오전 9시일 때, 서울은 같은 날 오후 6시이며 방콕은 오후 4시, 시애틀은 오전 2시이다)

○ 국가별 비행기 이동시간은 〈국가별 비행기 이동시간〉과 같으며, 비행기는 원하는 시각에 바로 이용할 수 있으며 제시되지 않은 조건은 고려하지 않는다.

〈국가별 비행기 이동시간〉

구분	런던→서울	서울→방콕	방콕→시애틀	시애틀→런던
이동 시간	4시간	6시간 30분	13시간	10시간 20분

〈보 기〉

ㄱ. 각 국가에 정확히 24시간만 체류할 경우, 甲은 런던 시간 기준 11일 오후 7시 50분에 시애틀에서 런던으로 돌아가는 비행기를 탄다.

ㄴ. 甲은 방콕에서 최대 38시간 10분을 체류할 수 있다.

ㄷ. 甲이 서울 시간으로 1월 8일 오후 11시 서울에서 방콕으로 가는 비행기를 타는 경우, 방콕 시간으로 1월 9일 7시 30분에 방콕에 도착한다.

① ㄴ
② ㄷ
③ ㄱ, ㄴ
④ ㄱ, ㄷ
⑤ ㄴ, ㄷ

46 다음 글을 근거로 판단할 때, 1992를 A문명의 방법으로 옳게 표기한 것은?

A문명에서는 20진법을 바탕으로 1을 나타내는 ● 와 5를 나타내는 ▬ 를 조합해 숫자를 표기한다. 아래의 표는 A문명이 숫자 0~19를 표기하는 방식을 보여주고 있다.

0	1	2	3	4
※	●	●●	●●●	●●●●
5	**6**	**7**	**8**	**9**
▬	● ▬	●● ▬	●●● ▬	●●●● ▬
10	**11**	**12**	**13**	**14**
▬ ▬	● ▬ ▬	●● ▬ ▬	●●● ▬ ▬	●●●● ▬ ▬
15	**16**	**17**	**18**	**19**
▬ ▬ ▬	● ▬ ▬ ▬	●● ▬ ▬ ▬	●●● ▬ ▬ ▬	●●●● ▬ ▬ ▬

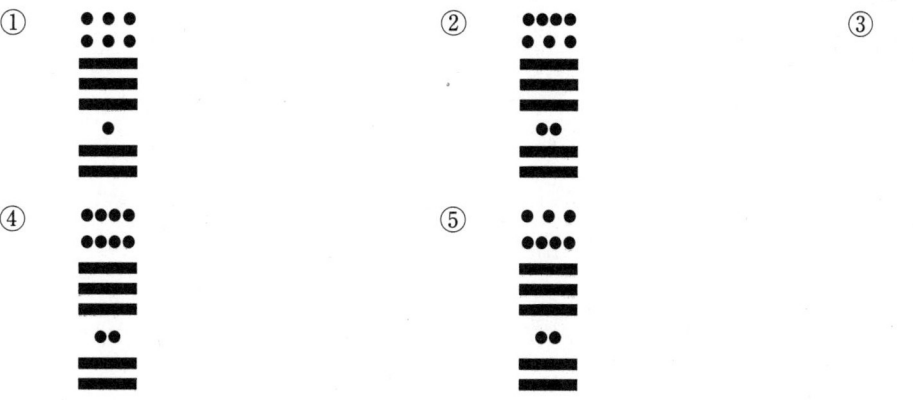

예를 들어, 130이라는 숫자를 A문명 숫자로 표기해보면,

●/▬ 를 위에, ▬/▬ 를 밑에 표시하여, ●/▬/▬/▬ 가 된다.

① ●●● / ●●● / ▬ / ▬ / ▬ / ● / ▬ / ▬

② ●●●● / ●●● / ▬ / ▬ / ▬ / ●● / ▬ / ▬

③ ●●●● / ●●●● / ▬ / ▬ / ▬ / ● / ▬ / ▬

④ ●●●● / ●●●● / ▬ / ▬ / ▬ / ●● / ▬ / ▬

⑤ ●●● / ●●●● / ▬ / ▬ / ▬ / ●● / ▬ / ▬

47 다음 글을 근거로 판단할 때, 〈보기〉에서 옳은 것만을 모두 고르면?

> W대학의 S기숙사는 4층 건물이고, 각 층에는 1명씩 W대학 학생인 A, B, C, D가 살고 있다. 이들의 나이는 19, 20, 21, 22살로 서로 다르고, 출신지는 서울, 부산, 대구, 광주로 서로 다르다. 이들에 대한 관리인의 이야기는 다음과 같고, (가) ~ (라)부분은 관리인으로부터 잘 듣지 못한 부분이다.
>
> ○ A의 나이는 19세이고, 바로 아래층에 사는 사람은 대구 출신인 (가)이다.
>
> ○ D의 한층 위에 사는 사람은 (나)이고, 나이는 22세이며, 그 위에 사는 사람은 부산 출신인 (다)이다.
>
> ○ 21세의 (라)의 한층 아래에 사는 사람은 광주 출신인 B이다.

〈보 기〉

ㄱ. A는 4층에 살고 있다.

ㄴ. D의 출신지는 서울이다.

ㄷ. 부산에 사는 사람은 대구에 사는 사람보다 나이가 많다.

ㄹ. (가)와 (나)에 들어갈 사람은 동일하다.

① ㄱ, ㄴ

② ㄴ, ㄷ

③ ㄷ, ㄹ

④ ㄱ, ㄴ, ㄹ

⑤ ㄱ, ㄷ, ㄹ

48 다음 글을 근거로 판단할 때, 甲과 乙이 1월 한 달 동안 만나서 PSAT 스터디를 할 수 있는 최대 횟수는?

> ○ 甲과 乙은 오전 또는 오후에 만나서 PSAT 스터디를 하려고 계획하고 있다. 이미 다른 스터디를 하고 있는 시간대에는 PSAT 스터디를 할 수 없다.
> ○ 甲은 매주 월요일, 수요일, 금요일 오전에는 이미 헌법 스터디를 하고 있다. 또한, 甲은 매주 일요일 오후에는 데이트가 있다.
> ○ 乙은 평일 오후에 이미 경제학 스터디를 하고 있다. 또한, 乙은 매주 토요일 오전에 헌법 스터디가 있다.
> ○ 1월 1일은 일요일이며, 1월 23일부터 27일까지는 예약 가능한 스터디룸이 없어, 오전과 오후 모두 스터디를 할 수 없다.
> ○ 甲이 참여하고 있는 헌법 스터디는 1월의 네 번째 금요일이 마지막 스터디이다.

① 14회
② 15회
③ 16회
④ 17회
⑤ 18회

49 다음 글을 근거로 판단할 때, A사건이 발생한 날의 월과 일의 수를 더한 값은? (예를 들어, 1월 12일의 경우 1+12=13이다.)

> 21세기에 일어난 대표적인 사건 중 하나인, A사건은 커다란 인명피해를 가져왔던 사건으로 유명하다. 이 사건으로 인한 직접적인 사상자의 수도 약 3,000명으로 굉장히 많다. 이 사건이 발생한 날은 그 해의 ABC번째 날이고, A+B+C=11이다. A, B, C는 0을 포함한 한 자리의 자연수이며 서로 같은 수가 될 수도 있다. 예를 들어, 1월 22일은 그 해의 22번째 날로 A=0, B=2, C=2가 된다. 365에서 A사건이 발생한 날의 ABC를 빼면 세 자리의 수가 모두 같은 수가 나온다. 단, 사건이 발생한 해는 윤년이 아니라고 한다.

① 11
② 13
③ 17
④ 19
⑤ 20

50 다음 글과 〈상황〉을 근거로 판단할 때, 구매한 로봇의 체크숫자가 더 큰 사람과 두 사람의 체크숫자의 차이값을 옳게 짝지은 것은?

다음은 甲국에서 가정용 로봇에 코드를 부여하는 규칙이다.

생산연월	고유코드	체크숫자

체크숫자는 각 자리의 수와 영문을 숫자로 변환하여 도출된 수를 일렬로 나열한 후, 한 자리씩 모두 더한 값이다. 영문 숫자 변환 시 영문은 A부터 Z까지 순서대로 1부터 26에 대응된다. 예를 들어, B는 2, X는 24에 대응된다.

○ 고유코드 부여 방법

고유코드는 색깔코드, 기능코드, 인공지능 탑재 여부 코드를 연속으로 나열한 것이다.

ⅰ. 로봇 색깔

구분	빨간색	노란색	검은색	회색	흰색
코드	RR	YR	BR	GR	WR

ⅱ. 로봇 기능

구분	설거지	육아	장보기	청소	진료
코드	DW	BS	GM	CC	MD

ⅲ. 인공지능 탑재 여부

구분	탑재	미탑재
코드	Y	N

※ 예를 들어, 2021년 11월에 생산되고, 빨간색이며 설거지 기능을 담당하고 인공지능이 탑재된 로봇의 체크숫자를 제외한 코드는 2111RRDWY이다. R=18, D=4, W=23, Y=25이므로 일렬로 나열하면 21111818423250이다. 한 자리씩 모두 더하면 2+1+1+1+1+8+1+8+4+2+3+2+5=39다. 따라서 로봇의 코드는 2111RRDWY_39다.

〈상 황〉

甲국에서 생산된 가정용 로봇의 코드는 코드 부여 규칙에 따른다. 그러나 코드를 입력하는 기계에 고장이 생겨서 체크숫자가 기록되지 않은 상태로 로봇이 출고되었다.

가영이는 2022년 1월 검은색 로봇을 구매하였다. 로봇의 기능은 청소이며 인공지능은 미탑재되어있다. 나리는 2021는 12월 흰색 로봇을 구매하였다. 로봇의 기능은 육아이며 인공지능이 탑재되어있다.

① 가영, 10
② 가영, 12
③ 나리, 10
④ 나리, 11
⑤ 나리, 12

51 다음 글을 근거로 판단할 때, 〈보기〉에서 옳은 것을 모두 고르면?

甲은 과학숙제로 개미의 이동을 관찰하고 있다. 개미는 1cm를 이동하는데 1초가 걸리며, 방향을 전환하는데 추가로 1초가 걸린다. 개미는 실선의 길만을 따라 이동할 수 있고, 아래 그림의 한 칸은 1cm를 의미한다. 개미는 A에서 출발하여 B까지 이동한다고 한다.

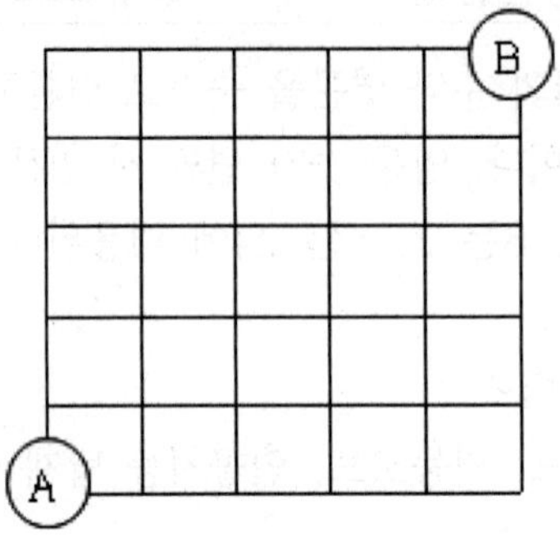

〈보 기〉

ㄱ. 개미가 이동하는데 걸리는 시간은 최소 11초이다.
ㄴ. 개미가 5번 방향을 전환하는 경우 최소 16초가 걸린다.
ㄷ. 개미가 최소한의 시간으로 5번 방향을 전환하는 경우, 가능한 경로는 총 36개이다.

① ㄱ
② ㄴ
③ ㄱ, ㄷ
④ ㄴ, ㄷ
⑤ ㄱ, ㄴ, ㄷ

52 다음 글과 〈대화〉를 근거로 판단할 때, 甲이 최근 판결을 받은 재판의 사건번호로 가능한 것은?

> ○ 법원에서는 하나의 심판 사건마다 고유한 번호를 붙이는 데 이를 사건번호라고 한다. 법원 사건번호는 '접수연도+사건부호+접수번호'로 구성된다.
> ○ 접수연도란 사건이 법원에 접수된 연도를 말한다.
> ○ 사건부호는 사건의 종류에 따라 붙인다. 사건부호에서 'ㄱ'은 1심, 'ㄴ'은 2심(항소심), 'ㄷ'은 3심(상고심)을 의미한다.
> ○ 사건부호의 모음은 사건의 유형을 나타낸다. 예를 들어 'ㅏ'는 민사사건, 'ㅗ'는 형사사건, 'ㅜ'는 행정사건을 의미한다. 각 사건은 각 사건을 다루는 법원에서만 접수받는다.
> ○ 1심의 경우 사건의 경중에 따라 1명의 단독판사가 재판하는 단독재판과 3명의 판사가 재판부를 구성해 재판하는 합의재판이 있다. 사건부호 다음에 단독재판은 '단'을 합의재판은 '합'을 표시한다.
> ○ 접수번호는 접수연도에서 접수된 순서대로 번호가 부여된다. 단, 민사사건이나 행정사건의 경우 접수번호 다음에 무작위로 검증번호를 부여한다.

※ 민사사건은 민사법원, 형사사건은 형사법원, 행정사건은 행정법원에서 다룬다.
※ 항소 : 1심 판결에 대한 불복신청을 의미한다.
※ 상고 : 2심 판결에 대한 불복신청을 의미한다.

〈대 화〉

> 甲 : 작년에 접수한 재판이 오늘에서야 판결이 났어.
> 乙 : 구청장한테 잘못 납부한 세금 환급 청구한다는 것 말이지? 일주일만 늦었어도 2023년이 되어서야 판결이 났겠는걸. 구청장을 상대로 소송을 제기한 것이니까 행정법원에 접수했겠구나.
> 甲 : 나도 그런 줄 알았는데 금전관계에 관한 것이어서 민사법원에 접수해야 한다고 하더라고. 이전 소송과 다르게 이번엔 판사가 1명이 들어왔어.
> 乙 : 그래서 재판 결과는 어떻게 됐어?
> 甲 : 일부만 승소했기 때문에 변호사와 상담해서 상고를 제기할 계획이야.

① 2021나15038
② 2021나단14023
③ 2021가합3089
④ 2022나단12095
⑤ 2022누5089

53 다음 글과 〈상황〉을 근거로 판단할 때, 반드시 거짓인 것은?

甲, 乙, 丙, 丁, 戊는 다음과 같은 카드 뽑기 게임을 한다. ◈ ◉ ▣ 모양의 카드 각 5장씩 총 15장을 뒤집어서 모양이 보이지 않도록 섞어놓고 무작위로 한 장씩을 가져간다. 이 때 동시에 카드를 공개해서 게임에서 진 사람이 저녁 값을 내기로 했다.

게임의 규칙은 다음과 같다.
○ ◈ 카드를 가진 사람은 ◉ 카드를 가진 사람에게 이긴다.
○ ◉ 카드를 가진 사람은 ▣ 카드를 가진 사람에게 이긴다.
○ ▣ 카드를 가진 사람은 ◈ 카드를 가진 사람에게 이긴다.
○ ◈ ◉ ▣ 카드가 동시에 나온 경우 경기의 승패는 무승부이다.
○ 여러 사람이 게임을 하는 경우, 여러 사람이 게임의 승자가 되거나 패자가 될 수 있다.

〈상 황〉

○ 乙과 丙의 카드는 동일하다.
○ 甲과 丙의 카드만 비교한다면, 丙은 甲에게 이긴다.
○ 丙과 戊는 ◈ 또는 ▣ 카드를 가졌다.
○ ▣ 카드를 낸 사람이 한 사람 또는 두 사람인 경우는 없다.
○ 戊와 丁의 카드만 비교한다면, 戊는 丁에게 이긴다.
○ ◈ ◉ ▣ 카드가 동시에 나온 경우, 저녁 값은 丁이 모두 낸다.

① 丙과 戊의 카드는 동일하다.
② 저녁 값은 丁이 혼자 모두 낸다.
③ 戊 혼자 저녁 값을 모두 내지 않는다.
④ ▣ 카드를 가진 사람은 저녁 값을 내지 않는다.
⑤ ◈ 카드를 가진 사람은 저녁 값을 내지 않는다.

54 다음 글을 근거로 판단할 때, 〈보기〉에서 옳은 것만을 모두 고르면?

○ 甲 행성에서는 α 라는 자연재해가 자주 발생한다. 이에 따라 A, B, C, D, E 국에서는 자연재해 α에 이름을 붙이기로 하였다.
○ 자연재해 α 의 이름과 관련하여 다섯 국가는 각각 네 개의 이름을 제출하였으며, 그 이름은 다음과 같다.

국가	1조	2조	3조	4조
A	가	나	다	라
B	마	바	사	아
C	자	차	카	타
D	파	하	거	너
E	더	러	머	버

○ 자연재해 α의 이름은 매번 자연재해 α가 발생할 때마다 A국의 1조 → B국의 1조 → … → E국의 1조 → A국의 2조 → … → E국의 4조에 제출된 것으로 한다.
○ 자연재해 α는 2001년 처음 발생한 이래로, 매년 최소 3번, 최대 10번 발생하며, 매 3년마다 A국의 1조에 제출된 이름부터 다시 시작한다.

〈보 기〉

ㄱ. 2022년에 발생한 자연재해 α의 이름으로 '사'가 붙여지는 경우는 없다.
ㄴ. 2020년까지 매년 동일한 횟수의 자연재해 α가 발생하였다면, 각국이 제출한 이름이 쓰인 빈도는 모두 같다.
ㄷ. 자연재해 α의 이름으로 '가'가 연속해서 붙여지는 경우가 존재할 수 있다.
ㄹ. 2015년까지 자연재해 α의 이름으로 '나'는 최대 10번까지 붙여질 수 있다.

① ㄱ, ㄴ
② ㄱ, ㄷ
③ ㄴ, ㄹ
④ ㄱ, ㄷ, ㄹ
⑤ ㄴ, ㄷ, ㄹ

55 다음 글을 근거로 판단할 때, 甲이 〈그림〉을 칠할 수 있는 방법의 수로 옳은 것은?

甲은 다음과 같은 그림을 구역마다 크레파스로 색칠하려고 한다. 그런데 확인해보니 빨간색과 노란색 크레파스는 딱 1개의 구역을 칠할 만큼만 남아있으며, 초록색과 파란색 크레파스는 4개의 구역을 모두 칠할 수 있을 만큼 남아있다. 甲은 4개의 구역이 색칠을 통해 모두 구분되었으면 좋겠다고 생각한다. 예를 들어 A는 B와는 다른 색이어야만 하고 C와는 같은 색을 사용해도 된다.

〈그림〉

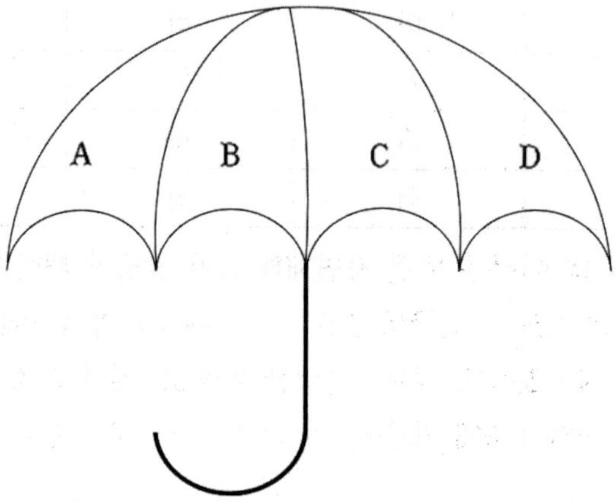

① 60
② 61
③ 62
④ 63
⑤ 64

56 다음 글을 근거로 판단할 때, 甲과 乙이 산책을 시작하고 처음 만나기까지 걸리는 시간은?

> 甲과 乙 동시에 각자 집에서 출발하여 산책을 하고 있다. 두 사람이 산책을 하는 동선은 아래의 〈그림〉과 같다. 甲은 '甲집 → 학교 → 乙집 → 甲집 → 학교 … ' 동선을 따라 계속 시계방향으로 이동하고, 乙은 '乙집 → 학교 → 乙집 → 甲집 → 乙집 → 학교 → 乙집 … ' 동선으로 이동한다. 甲의 집에서 학교까지의 거리는 360m이며, 乙의 집에서 학교까지의 거리도 360m이다. 甲과 乙의 집 사이의 거리도 360m이다. 甲은 분당 10m의 속력으로 걸어가고, 乙은 분 당 14m의 속력으로 걸어가고 있다.
>
> 〈그 림〉
>
> 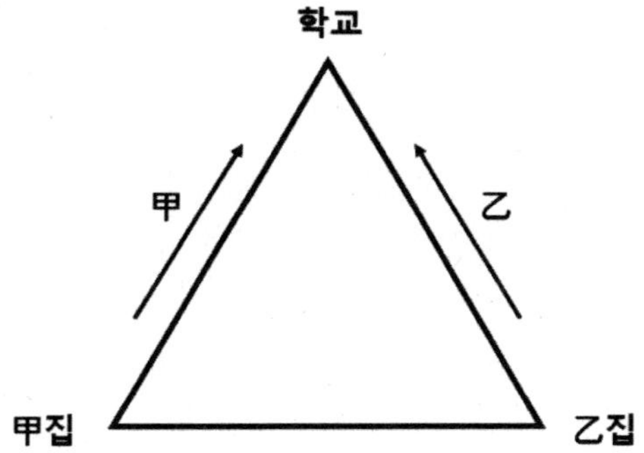
>

① 18분 후
② 30분 후
③ 40분 후
④ 1시간 후
⑤ 1시간 30분 후

57 다음 글을 근거로 판단할 때, ㉠과 ㉡의 합은?

> 박람회에 1분마다 일정한 명수(㉠)의 관람객이 입장한다. 출구는 박람회에 어느 정도 사람이 들어올 때까지 개방하지 않는다. 박람회의 목표 명수(㉡)에 도달하는 경우, 출구를 개방한다. 출구는 총 3개가 있으며, 각 출구에서는 개방과 동시에 1분당 10명씩 퇴장한다. 출구 2개를 개방하는 경우, 24분이 지나면 박람회에 남아있는 관람객이 전혀 없으며, 출구 3개를 개방하는 경우 8분이 지나면 박람회에 남아있는 사람이 전혀 없게 된다. 단, 출구가 개방된 후에도 일정한 명수의 관람객이 지속적으로 입장한다.

① 75
② 120
③ 135
④ 150
⑤ 175

58 다음 글을 근거로 판단할 때, A가 최종적으로 지불해야 하는 금액은?

A는 가족들의 취향에 맞추어 식사를 주문하고자 한다. 가족들의 취향은 다음과 같다.
甲 : 명란 오일 파스타
乙 : 채끝 스테이크+청귤 에이드 1잔
丙 : 립아이 스테이크+석류 샐러드
丁 : 라구 파스타

〈메 뉴〉

스타터	석류 샐러드	18,000원
파스타	명란 오일 파스타	23,000원
	라구 파스타	23,000원
리조또	갈릭 라이스	23,000원
스테이크	채끝 스테이크	39,000원
	립아이 스테이크	40,000원
에이드	청귤 / 자몽 / 오렌지	6,000원

○ 행사 1 : 스타터를 제외한 메뉴 중 1개 이상 주문 시, 정해진 메뉴를 저렴한 가격에 제공하는 할인권 행사를 진행하고 있다. 단, 여러 종류의 할인권을 함께 사용하는 것은 가능하나, 같은 종류의 할인권 내에서 여러 메뉴를 주문하는 것은 불가능하다.

스테이크 할인권	채끝 스테이크	18,000원
	립아이 스테이크	20,000원
파스타 할인권	명란 오일 파스타	10,000원
	라구 파스타	10,000원
스타터 할인권	석류 샐러드 +에이드 2잔	17,000원

○ 행사 2 : 세트메뉴 행사 이벤트를 하고 있다.
스타터 중 택 1+파스타 / 리조또 중 택 1+스테이크 중 택 1+에이드 중 택 2= 45,000원

※ 제휴카드 : M 신용카드로 결제 또는 S 통신사 카드를 제시하면 15 % 할인. (단, 행사를 통해 가격 할인을 받지 않은 메뉴에 한하며, 두 카드 혜택 중복 적용은 불가하다.)

A는 갈릭 라이스와 자몽 에이드 1잔을 주문할 예정이고, S 통신사의 카드를 제시할 예정이며 N 신용카드로 결제한다. 이때, A는 가족들이 원하는 모든 메뉴를 최소한의 금액으로 주문하고자 한다.

① 81,600원
② 92,550원
③ 96,000원
④ 104,100원
⑤ 178,000원

59 다음 글을 근거로 판단할 때 옳은 것은?

> A, B, C, D 4명은 함께 하나의 자연수를 보고 각자 두 개의 진술을 했다. 한 사람의 진술 중 한 개는 참, 한 개는 거짓이다.
>
> A (1) 이 숫자는 세 자리 수야.
> (2) 이 숫자의 각 자리 숫자를 곱한 값은 23이야.
>
> B (1) 이 숫자는 37로 나눌 수 있어.
> (2) 이 숫자는 3개의 똑같은 수가 각 자리수에 나열된 수야.
>
> C (1) 이 숫자는 11로 나눌 수 있어.
> (2) 이 숫자의 일의 자리 숫자는 0이야.
>
> D (1) 이 숫자의 각 자리의 수를 모두 더하면 10보다 큰 값이 도출돼.
> (2) 이 숫자의 백의 자리 숫자는 다른 자리의 숫자와 비교했을 때, 가장 큰 숫자도 아니고 가장 작은 숫자도 아니야.

※ 0은 자연수가 아니다.

① A의 두 번째 진술은 참이다.
② B의 두 번째 진술은 참이다.
③ 407은 4명이 본 자연수가 될 수 있다.
④ 4명이 본 자연수의 최댓값은 814이다.
⑤ 4명이 본 자연수의 최솟값은 300미만이다.

60 다음 글과 〈표〉를 바탕으로 B가 구매한 전자칠판과, A원장의 지시에 따랐을 때 구매하였을 전자칠판으로 바르게 짝지은 것은?

학원에서는 전자칠판을 구매하려고 한다. 학원 원장 A는 학원 물품조달에 대한 새로운 평가기준을 제시하면서 이에 근거하여 전자칠판을 구매하라고 지시하였다. 그러나 학원 총무 B는 실수로 이전의 물품조달 평가기준에 따라 전자칠판을 구매하였다.

〈표〉 전자칠판 제품 정보

	甲	乙	丙	丁	戊
가격	★★★☆☆	★★★☆☆	★★★★☆	★★☆☆☆	★★★☆☆
브랜드가치	★★★☆☆	★★★★☆	★★☆☆☆	★★★★★	★★★★☆
무게	★★☆☆☆	★★★★★	★★★☆☆	★★★★☆	★★★☆☆
디자인	★★★☆☆	★★☆☆☆	★★★☆☆	★★★★☆	★★★☆☆
실용성	★★★★★	★★☆☆☆	★☆☆☆☆	★★★★☆	★★★★☆

※ ☆는 평가점수 0점, ★은 개별평가점수 1점을 의미한다.

이전의 물품조달 평가기준	새로운 물품조달 평가기준
가격, 브랜드 가치, 무게, 디자인, 실용성 순으로 각각 5, 4, 3, 2, 1의 가중치를 둔다. 단, 디자인의 개별평가점수가 2이하인 제품은 제외한다.	실용성, 무게, 가격, 브랜드 가치, 디자인 순으로 각각 5, 4, 3, 2, 1의 가중치를 둔다. 단, 가격의 개별평가점수가 2 이하인 제품은 제외한다.

	B가 구매한 전자칠판	A원장의 지시에 따른 전자칠판
①	乙	戊
②	丁	甲
③	丁	戊
④	戊	丁
⑤	戊	戊

61 다음 글과 〈상황〉을 근거로 판단할 때, 5행의 가장 큰 숫자와 가장 작은 숫자의 차이로 옳은 것은?

복면산은 수학 퍼즐의 한 종류로, 문자를 이용하여 표현된 수식에서 각 문자가 나타내는 숫자를 알아내는 문제이다. 숫자를 문자로 숨겨서 나타내므로 숫자가 마치 '복면'을 쓰고 있는 연산이라는 뜻에서 복면산이라 이름 지어졌다

〈상 황〉

아래 복면산에 사용되는 숫자는 0, 2, 3, 5, 6, 8, 9이다. 그러나 일반적인 수식과 달리 첫 번째 밑줄을 기준으로 밑줄 위아래에서 동일한 문자가 나타내는 숫자는 1만큼 차이가 난다. 예를 들어, 1행의 E와 3행의 E는 1만큼 차이가 나는 숫자이며, 3행의 E와 5행의 E는 동일한 숫자이다. 또한 각 행의 첫 번째 숫자는 0이 아니다.

	D	E	B	1행
×		D	G	2행
	E	E	E	3행
B	F	G		4행
A	E	C	E	5행

① 4
② 5
③ 6
④ 8
⑤ 9

62 다음 글을 근거로 판단할 때 옳은 것은?

> 중간고사 시험을 앞두고 있는 규현이는 10월 1일에서 15일까지 총 15일 동안 하루에 한 과목씩 A, B, C, D, E 총 다섯 과목을 공부하였다.
> 이때, 규현이는 아래의 〈조건〉에 따라 다섯 과목을 모두 공부하였다.
>
> 〈조 건〉
>
> ○ 규현이는 한 과목의 공부를 시작하면 그 과목의 공부가 끝날 때까지 다른 과목을 공부하지 않으며, 각 과목을 공부한 일수는 모두 서로 다르다.
> ○ 규현이는 4일에는 A 과목을, 8일에는 B과목을 12일에는 C 과목을 공부하였다.
> ○ 세 번째로 공부한 과목은 하루 만에 공부를 끝냈다.
> ○ 네 번째로 공부한 과목은 D이다.
> ○ 3일 동안 공부한 과목은 D도, E도 아니다.

① A를 공부한 날은 D를 공부한 날보다 이틀 더 많다.
② E의 공부가 끝난 이틀 후에 C의 공부를 시작하였다.
③ D와 E를 공부한 날 수의 합은 B를 공부한 날 수와 동일하다.
④ A, C, E는 이틀 이상 연속으로 공부하였다.
⑤ C는 가장 오랫동안 공부한 과목이다.

63 다음 글과 조건을 근거로 판단할 때 항상 거짓인 것은?

선일, 혜신, 동민, 우정은 점심값을 두고 카드 뽑기 내기를 하기로 했다. 이들이 가지고 있는 카드는 다음과 같다.

1	2	3	4	5	6	7	8
		×	×	+	+		

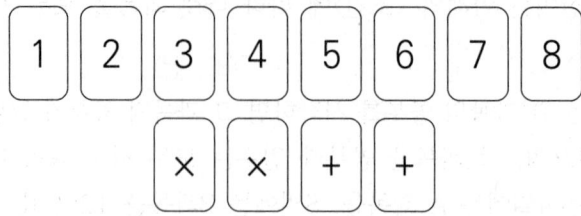

이 중에서 각자 숫자카드 2장과 연산 기호 카드 1장을 뽑은 후 이 카드를 조합하여 나온 값을 자신의 점수로 한다. 예를 들어 선일이가 숫자카드 중 2와 4카드를 뽑고 연산카드로 ×카드를 뽑는다면, 선일이의 점수는 8점이다.

게임이 시작되면 카드를 섞어서 뒤집어 둔 상태로 모두가 동시에 카드를 뽑게 된다. 따라서 하나의 카드를 두 명이 갖게 되는 일은 없다. 또한 모든 카드의 뒷면은 동일해서, 뒷면만 보고는 앞면에 적혀있는 숫자 또는 연산기호를 맞출 수 없다. 이들이 뽑은 카드에 대해서 다음 조건에 제시된 내용은 모두 사실이다.

〈조 건〉

○ 네 사람의 점수는 모두 다르다
○ 동민이는 6을 뽑지 않았으며, 총 점수는 12점이다.
○ 혜신이는 선일이보다 점수가 높다.
○ 선일이는 7과×카드를 뽑았다.
○ 우정이는 1과 8은 뽑지 않았다.
○ 우정이가 뽑은 숫자 카드 중 큰 수에서 작은 수를 빼면 동민이가 뽑은 숫자 카드 중 하나가 나온다.

① 우정이의 점수는 8점이다.
② 혜신이와 우정이의 점수 차이는 5점 이상이다.
③ 혜신이는 5가 써진 숫자카드를 뽑았다.
④ 네 사람의 점수의 합은 40점 미만이다.
⑤ 선일이는 동민이보다 점수가 낮다.

64 다음 글을 근거로 판단할 때 〈보기〉에서 옳은 것만을 모두 고르면?

자동차를 판매하는 A 기업 영업팀에서는 영업사원 甲, 乙, 丙, 丁, 戊 중에서 올해의 판매왕을 선정하려고 한다. 그들의 나이는 순서와 관계없이 30세부터 34세까지 한 살씩 차이가 난다. 그리고 기록이 소실되어 다음의 〈정보〉만 알려져 있다고 한다.

〈정 보〉

○ 다섯 명의 올해 총 판매 대수는 850대이고, 판매량이 가장 많은 직원은 가장 적은 직원보다 270대를 더 팔았다.
○ 甲은 150대를 판매하였으며, 甲의 판매량은 戊의 판매량과 100대의 차이가 난다.
○ 乙의 판매량이 가장 많으며, 乙과 31세인 丁의 판매량 합계는 560대이다.
○ 30세 사원의 판매량은 34세 사원의 판매량의 3배이다.
○ 32세 사원과 戊는 모두 판매량 순위 3위 안에 들지 못하였다.

〈보 기〉

ㄱ. 나이가 가장 어린 사원은 戊이다.
ㄴ. 33세 사원의 판매량은 丁의 판매량의 1.5배이다.
ㄷ. 판매량 순위가 4, 5위인 사원의 판매량의 합은 갑의 판매량보다 적다.
ㄹ. 丙과 戊의 나이의 합은 甲과 丁의 나이의 합보다 많다.

① ㄱ, ㄴ
② ㄴ, ㄷ
③ ㄷ, ㄹ
④ ㄱ, ㄴ, ㄹ
⑤ ㄱ, ㄷ, ㄹ

65 다음 글을 근거로 판단할 때, 甲의 시계가 정확한 시간보다 처음으로 5분 빨라지는 날짜와 시간대로 옳은 것은?

> 甲의 시계는 저녁이 되면 30초가 빨라진다. 그러나 12시 정각을 지나 다음 날 새벽이 되면 전날 저녁보다 20초가 느려진다. 甲은 1월 1일 새벽에 이 시계의 시간을 정확한 시간에 맞춰 놓았다. (단, 1월 1일 새벽에는 시간이 느려지지 않는다.)

① 1월 28일, 새벽
② 1월 28일, 저녁
③ 1월 29일, 새벽
④ 1월 30일, 새벽
⑤ 1월 30일, 저녁

66 다음 글을 근거로 판단할 때 옳은 것은?

> 신정이와 영빈이는 20개의 사탕을 놓고 가위바위보 게임을 한다. 가위바위보를 해서 이기면 2개의 사탕을 가져가고, 지면 가지고 있는 사탕 중 1개를 다시 돌려놓아야 한다. 가지고 있는 사탕이 없는 경우 그 상태를 유지한다. 가위바위보는 총 5회 실시했으며, 신정이가 3승 2패를 하였다. 그 결과 신정이는 사탕을 5개, 영빈이는 2개 가져갔다.

① 1회는 신정이가 이겼다.
② 2회는 신정이가 졌다.
③ 3회는 영빈이가 이겼다.
④ 4회는 영빈이가 이겼다.
⑤ 5회는 신정이가 졌다.

67 다음 글을 근거로 판단할 때, 〈보기〉에서 옳은 것만을 모두 고르면?

A, B, C, D, E 5명이 A의 오른쪽에 E, E의 오른쪽에 D, D의 오른쪽에 C, C의 오른쪽에 B 그리고 B의 오른쪽에 A 순서대로 중국집 원탁에 둘러앉아있다. 메뉴로 탕수육을 주문했는데 각자 자신의 그릇으로 탕수육을 덜어간 후 확인해보니 서로 가져간 탕수육의 개수가 달랐다. 이들이 처음 가져간 탕수육의 개수에 대한 정보가 다음과 같다.

○ A는 17개를 가져갔다.
○ C는 B가 가져간 개수보다 1개 적게 가져갔다.
○ D는 E가 가져간 개수보다 1만큼 작은 수의 절반만큼 가져갔다.
○ B와 E가 가져간 개수의 합은 20개이다.
○ C와 D가 가져간 개수의 합은 13개이다.

5명은 서로 같은 개수의 탕수육을 먹고 싶어서 서로 가져간 탕수육을 주고받으려고 한다. 단, 탕수육은 이웃한 자리에 앉은 사람에게만 줄 수 있으며 주고받는 탕수육의 개수는 최소가 되도록 한다. 예를 들어, A가 D에게 탕수육을 3개 주는 경우 A가 E에게 3개를 주고, E가 D에게 다시 3개를 주어야하며 이때 주고받는 탕수육의 개수는 6개가 된다.

〈보 기〉

ㄱ. 5명이 가져간 탕수육 개수의 평균은 10개이다.
ㄴ. A가 B에게 주는 탕수육의 개수는 3개이다.
ㄷ. 5명이 주고받는 탕수육의 개수는 16개이다.

① ㄴ
② ㄷ
③ ㄱ, ㄴ
④ ㄱ, ㄷ
⑤ ㄱ, ㄴ, ㄷ

69 다음 글을 읽고 창석이가 맞은 꿀밤의 대수로 옳은 것은?

윤수와 창석이는 양팔 저울 하나와 다음과 같은 추를 종류별로 1개씩 가지고 있다. 이때, 추는 양쪽 접시에 모두 올려놓을 수 있으므로, 예를 들어 좌측 저울에 1g 우측 저울에 3g짜리 추를 올려놓아 2g의 무게를 재는 것도 가능하다.

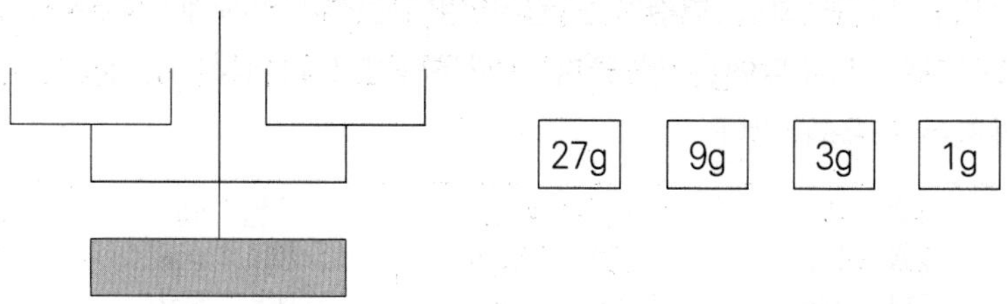

그러다 창석이는 실수로 3g짜리 추를 하나 잃어버리게 되었고 윤수는 매우 화가 났다. 그래서 원래 잴 수 있었던 무게의 가짓수에 비해 잴 수 없어진 무게의 가짓수만큼 창석이에게 꿀밤을 때렸다.

① 3
② 9
③ 13
④ 27
⑤ 30

68 다음 글과 〈상황〉을 근거로 판단할 때, 〈보기〉에서 옳은 것만을 모두 고르면?

○ 甲은 개인정보의 보호를 위하여 90일에 한 번씩 자신이 주로 사용하는 메일 계정의 비밀번호를 일정한 규칙을 적용하여 주기적으로 변경하고 있다.

○ 비밀번호는 7자리로 영어와 숫자의 조합이다.

○ 영어는 비밀번호를 변경하는 월의 영어단어의 약자에서 따온다. 단 홀수달에는 모두 소문자로, 짝수달에는 첫 글자만 대문자이고 나머지는 소문자로 구성한다. 월별 영어 약자는 다음과 같다.

1월 : Jan. 2월 : Feb. 3월 : Mar.	4월 : Apr. 5월 : May. 6월 : Jun.	7월 : Jul. 8월 : Aug. 9월 : Sep.	10월 : Oct. 11월 : Nov. 12월 : Dec.

○ 숫자는 비밀번호를 변경하는 날짜의 일 2자리와 그 2자리 숫자들의 곱으로 구성한다. 변경일이나 그 곱이 1자리일 경우 10의 자리에 0을 표시한다. 예를 들어, 5월 23일에 비밀번호를 변경하였다면 $2 \times 3 = 6$이므로 '2306'이 비밀번호의 숫자가 된다.

〈상 황〉

○ 甲은 2022년 2월 17일에 비밀번호를 변경하였다.

○ 2022년은 윤년이 아니다.

〈보 기〉

ㄱ. 甲은 2022년에 4번 비밀번호를 변경한다.

ㄴ. 甲은 2022년 8월 14일에 비밀번호를 변경한다.

ㄷ. 甲이 2022년 2월 17일에 변경한 비밀번호는 'feb1707'이다.

ㄹ. 甲이 2022년에 마지막으로 변경한 비밀번호는 'nov1404'이다.

① ㄱ, ㄴ

② ㄱ, ㄹ

③ ㄴ, ㄷ

④ ㄷ, ㄹ

⑤ ㄱ, ㄴ, ㄹ

70 다음 글을 근거로 판단할 때, 丁의 단호박스프에 대한 선호도와 戊의 오징어먹물파스타에 대한 선호도의 합으로 옳은 것은?

甲, 乙, 丙, 丁, 戊 5명은 5개의 요리에 대해 서로 다른 선호도를 가지고 있다. 요리 5개는 치즈 스테이크, 트러플 크림 리조또, 오징어먹물 파스타, 시금치 뇨끼, 단호박 스프이다. 아래의 〈표〉는 5명의 선호도를 조사한 것이다. 선호도는 10점 만점이며 1점 단위로 부여할 수 있다.

〈표〉

(단위 : 점)

요리 \ 이름					
	2	4	3	8	5
	6	3	2	5	4
	5	6	7	1	2
	1	5	1	7	8
	7	2	8	1	3

〈표〉에는 사람 이름과 요리의 이름이 적혀있지 않지만 알려져 있는 사실은 다음과 같다.

○ 甲의 트러플크림 리조또에 대한 선호도와 乙의 트러플크림 리조또와 치즈 스테이크에 대한 선호도를 합하면 19점이다.
○ 5명의 시금치 뇨끼에 대한 선호도 평균은 4점이다.
○ 甲과 丙의 트러플크림 리조또에 대한 선호도를 합하면 15점이다.
○ 丙의 오징어먹물 파스타에 대한 선호도와 丁의 시금치 뇨끼에 대한 선호도를 합하면 14점이다.

① 7점
② 8점
③ 9점
④ 10점
⑤ 11점

71 다음 글을 근거로 판단할 때, ㉮와 ㉯의 합으로 옳은 것은?

甲 회사가 제작한 각 기차의 길이와 속력은 아래 〈표〉와 같다.

〈표〉 甲 회사가 제작한 기차의 정보

	길이	속력
기차 A	90m	15m/s
기차 B	50m	㉮ m/s
기차 C	50m	㉮ m/s

기차 A와 기차 B, 기차 C는 나란히 놓인 3개의 철로를 달린다. 그러나 달리는 방향에 차이가 있다. A와 B는 같은 방향으로 달리며, C는 반대 방향으로 달린다. 예를 들어 A가 서쪽에서 동쪽으로 달리고 있다면, B도 서쪽에서 동쪽으로 달린다. 그러나 C는 동쪽에서 서쪽으로 달린다. 먼저 달리고 있던 B를 A가 따라잡은 순간부터 A의 끝이 B를 완전히 벗어나는 순간까지 총 14초가 소요된다. 그 후 A가 마주 오던 C를 마주친 순간부터 그 끝이 C를 완전히 벗어나는 순간까지는 (㉯)초가 소요된다. 이 상황을 그림으로 나타내면 아래와 같다.

←, → : 기차의 이동 방향

〈그림1〉 A가 B를 따라잡은 순간

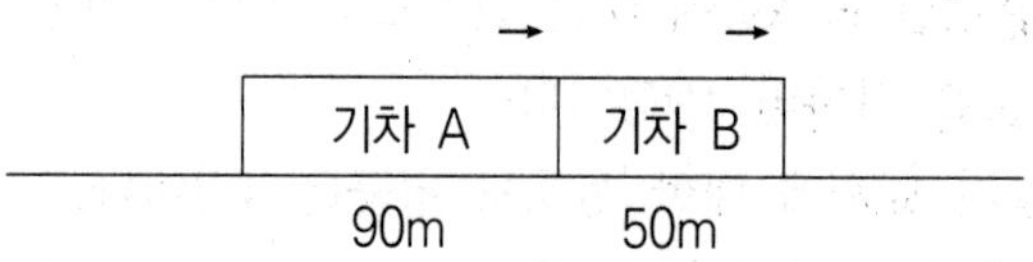

〈그림2〉 A의 끝이 B를 완전히 벗어난 순간

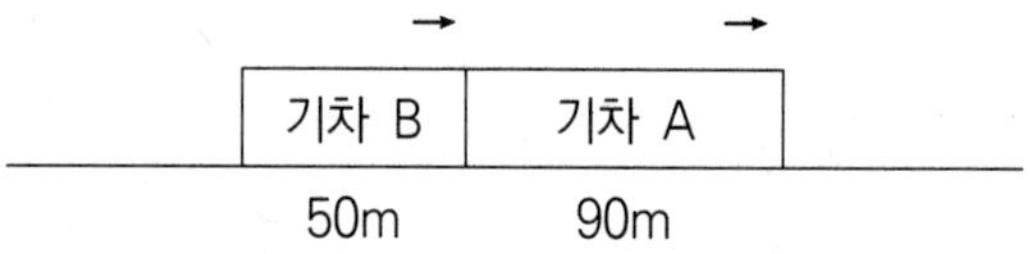

〈그림3〉 A가 C를 마주친 순간

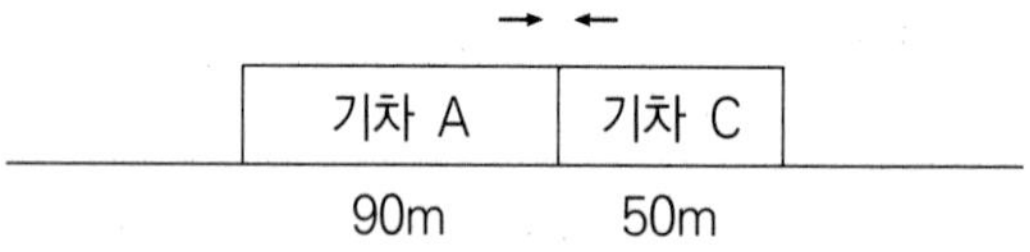

〈그림4〉 A의 끝이 C를 완전히 벗어난 순간

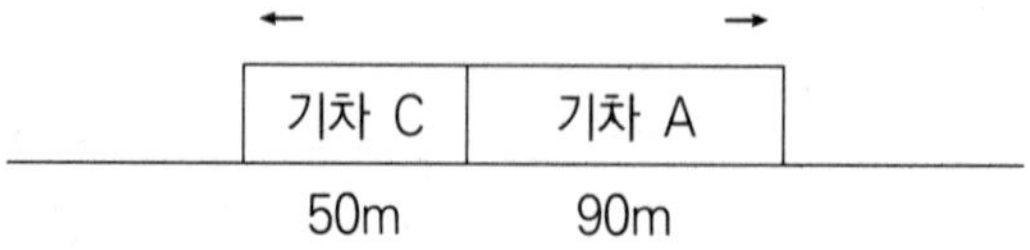

① 10
② 12
③ 17
④ 22
⑤ 27

72 다음 글을 근거로 판단할 때, C반에서 등수에 든 학생 수는?

> 甲학교에서는 체육 대회가 열렸다. A반, B반, C반 3개의 반에서 많은 학생들이 참가하였고 체육 대회의 경기 종목은 계주, 높이뛰기, 양궁 3종목이었다. 각 종목의 1등부터 4등까지 등수가 결정되고 1등에게는 5점, 2등에게는 3점, 3등에게는 2점, 4등에게는 1점을 준다. 경기 결과 A반은 전체 종목에서 등수에 든 학생 수는 가장 적었으나 획득한 총점은 가장 많았다. B반은 어떤 종목에서도 1등을 하지 못했으며 획득한 총점은 A반보다 1점 적었다. C반은 전체 종목에서 등수에 든 학생 수가 가장 많았으나 획득한 총점은 B반보다 1점 적었다.

① 4명
② 5명
③ 6명
④ 7명
⑤ 8명

73 다음 글을 근거로 판단할 때, 오늘 甲 핸드폰 알람이 울린 횟수로 옳은 것은?

> 핸드폰 가가오 메신저를 이용하는 甲은 총 3개의 그룹 채팅방에 속해있다. 첫 번째 채팅방은 주식에 대해 여러 가지 정보를 공유하는 채팅방으로 3분마다 한 번씩 메시지가 온다. 두 번째 채팅방은 고양이를 키우는 사람들이 정보를 공유하는 채팅방으로 5분마다 한 번씩 메시지가 온다. 세 번째 채팅방은 시험공부를 하면서 정보를 공유하는 채팅방으로 4분마다 한 번씩 메시지가 온다. 채팅방에 메시지가 올라올 때마다 甲의 핸드폰에는 알람이 울린다. 단, 메시지가 동시에 여러 채팅방에 올라올 때 알람은 한 번만 울린다. 오늘 하루 동안 甲은 3개의 그룹 채팅방에서 각각 30개의 메시지를 받았다. 각 채팅방에서 오늘 첫 번째 메시지는 정오에 동시에 올라왔다.

※ 가가오 메신저 그룹채팅방 메시지 외에는 甲의 핸드폰에는 알람이 울리지 않는다고 한다.

① 69
② 70
③ 71
④ 72
⑤ 73

74 다음 글을 근거로 판단할 때, 〈보기〉에서 옳지 않은 것만을 모두 고르면?

지명, 유진, 선호, 진산 4명의 학생은 각 반의 대표로 참여하여 100m 달리기, 오래달리기, 멀리뛰기, 투포환, 철봉 매달리기 각자 5개의 종목에 모두 출전한다. 선수는 4명 외에는 존재하지 않으며 각 종목마다 등수를 매겨 1등은 4점, 2등은 3점, 3등은 2점, 4등은 1점의 승점을 받는다. 종목별로 획득한 승점의 총합에 따라 종합순위를 매긴다. 종목별로 순위는 반드시 결정되며 같은 등수를 받는 학생은 존재하지 않는다. 그러나 현재 학생들의 등수가 기록된 〈종목별 등수 현황표〉가 일부 찢어져 학생들의 철봉매달리기 등수를 확인할 수 없다.

〈종목별 등수 현황표〉

종목＼학생	지명	유진	선호	진산
100m달리기	1등	2등	3등	4등
오래달리기	3등	4등	2등	1등
멀리뛰기	2등	4등	3등	1등
투포환	3등	1등	4등	2등

만약 승점의 총합이 동일한 학생이 존재할 경우, 1등을 한 종목이 많은 학생이 높은 순위를 차지한다. 1등을 한 종목의 수도 동일한 경우 2등을 한 종목이 많은 학생이 높은 순위를 차지한다.

〈보 기〉

ㄱ. 지명이가 철봉매달리기에서 1등을 하는 경우, 종합 순위 1위로 확정된다.
ㄴ. 유진이가 철봉매달리기에서 선호보다 낮은 등수를 받는 경우, 종합 순위에서도 유진이의 순위가 선호의 순위보다 낮다.
ㄷ. 선호는 철봉매달리기에서 어떤 등수를 받더라도 종합 순위의 최하위 학생이 된다.
ㄹ. 진산이가 철봉매달리기에서 2등을 하는 경우, 종합 순위 1위로 확정된다.

① ㄱ, ㄴ
② ㄱ, ㄷ
③ ㄱ, ㄴ, ㄷ
④ ㄴ, ㄷ, ㄹ
⑤ ㄱ, ㄴ, ㄷ, ㄹ

75 다음 글과 〈조건〉을 읽고 판단할 때, 옳은 것은?

> 같은 학원에 다니고 있는 A, B, C, D, E는 월요일부터 토요일까지 총 6일 동안 매일 오전 10시에 진행되는 스터디에 참여하기로 했다. 각각의 학생들은 일주일 동안 스터디에 최대 3회 참석할 수 있다. 다음의 〈조건〉을 모두 고려하여 요일별 스터디 참석여부를 확인해보고자 한다.

〈조 건〉

학생 : A, B, C, D, E
스터디 진행 요일 : 월요일부터 토요일까지 총 6일
- 각각의 학생들은 일주일 동안 스터디에 최대 3회 참석할 수 있다.
- 수요일에 스터디를 참석했던 학생은 B, D를 포함하여 총 4명이다.
- C는 3일 연속 스터디를 참석했으며, 연속되는 3일 중 첫날을 제외한 나머지 이틀은 B와 함께 스터디를 하였다.
- 토요일에 스터디를 했던 학생은 E를 포함하여 총 3명이다.
- D와 E가 함께 스터디에 참여한 날은 총 이틀이며, 두 사람은 각각 이틀 연속으로 참석하지는 않았다.
- 금요일에는 총 4명이, 화요일에는 1명이 스터디에 참석했다.

① A와 B가 함께 스터디에 참여한 날은 총 이틀이다.
② 일주일 동안 스터디에 2회 참여한 학생이 존재한다.
③ 월요일보다 목요일에 더 많은 학생이 스터디에 참여하였다.
④ 화요일에 스터디에 참여한 학생은 금요일에 스터디에 참여하지 않았다.
⑤ 일주일 동안 스터디에 참여한 요일이 모두 일치하는 두 학생이 존재한다.

76 다음 글을 근거로 판단할 때 항상 옳은 것은?

> 중간고사에서 90점 이상을 받았던 가영, 나리, 다솜, 라희, 마익, 바울, 사랑이 7명을 포함해 총 14명의 학생들의 기말고사 점수에 대한 결과가 다음과 같다. 14명 중 기말고사에서 동점을 받은 학생은 없다.
> ○ 14명 중 90점을 초과하는 학생은 4명이다.
> ○ 80점 미만인 학생은 5명이다.
> ○ 가영이보다 점수가 낮은 학생은 4명이다.
> ○ 다솜이보다 점수가 높은 학생은 5명이다.
> ○ 다솜이는 나리보다는 점수가 10점 이상 낮다.
> ○ 라희, 마익, 바울이의 점수는 80점보다 높다.
> ○ 라희는 마익이보다는 점수가 높고, 바울이보다는 점수가 낮다.
> ○ 14명 중 남학생은 3명이며, 이 3명 중 가장 점수가 높은 사랑이의 점수는 77점이다.

① 나리의 기말고사 점수는 90점 이하이다.
② 남학생 중 가영이보다 기말고사 점수가 높은 학생이 있다.
③ 바울이가 다솜이보다 기말고사 점수가 낮다면, 마익이보다 기말고사 점수가 높은 학생은 8명이다.
④ 남학생 중 다솜이보다 기말고사 점수가 높은 학생이 있다.
⑤ 90점보다 높은 기말고사 점수를 받은 학생 중 중간고사에서 90점 이상을 획득한 학생이 절반이라면, 마음이의 기말고사 점수는 90점을 초과한다.

77 다음 글을 근거로 판단할 때, 〈상황〉에서 甲이 사용한 3개의 창문을 〈보기〉에서 모두 고르면?

정사각형 모양으로 칸이 나뉜 창문이 있다. 한 칸을 색칠하는 방법은 검은색으로 칠하거나, 투명한 상태 그대로 두는 방법 두 가지 이다. 또한, 창문은 보온을 위해 동일한 크기의 창문 여러 개를 포개어 이중창, 삼중창 등 여러 겹으로 만들 수 있다. 이 때 투명한 칸 뒤나 앞에 검은색 칸이 오는 경우 그 칸은 검은색이 된다. 검은색 칸이 두 개 포개어지는 경우도 마찬가지이며, 투명한 칸 뒤에 투명한 칸이 오는 경우에만 그 칸은 여전히 투명한 칸으로 남는다. 단, 창문을 겹칠 때는 창문을 회전시키는 것은 가능하나, 앞면과 뒷면이 구분되기 때문에 뒤집는 것은 불가능하다. 예를 들면 아래와 같다.

아래와 (A)와 (B) 같은 2×2 형태의 창문 2개를 포개는 경우 (C)와 같이 전체가 검은색 칸으로 이루어진 창문이 될 수 있다.

(A) (B) (C)

〈상 황〉

창문을 만드는 甲은 총 3개의 3×3 형태의 타일을 선택하여 정확히 겹쳤더니 아래와 같이 완전히 검은색 형태의 창문이 완성되었다.

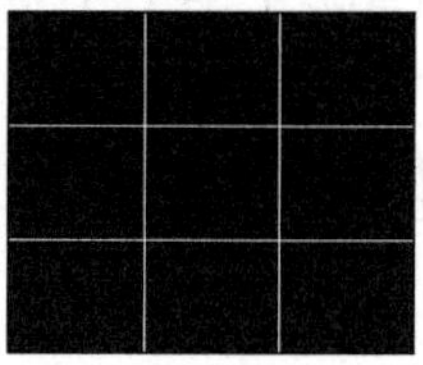

〈보 기〉

ㄱ.

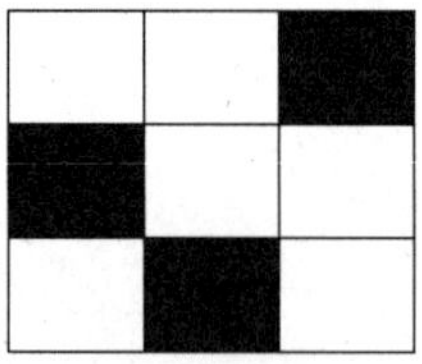

ㄴ.

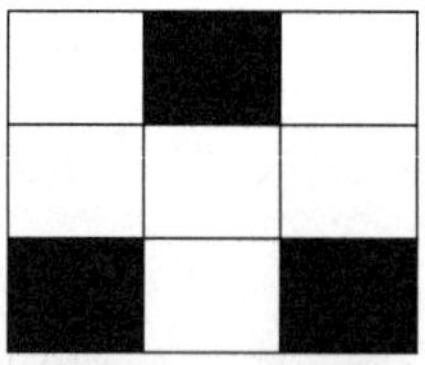

ㄷ.

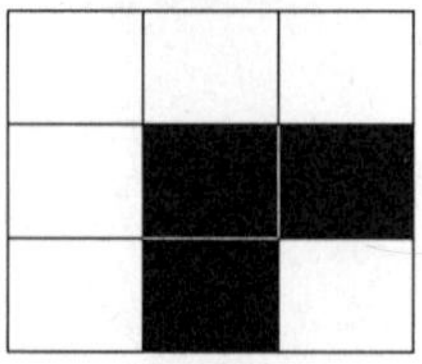

ㄹ.

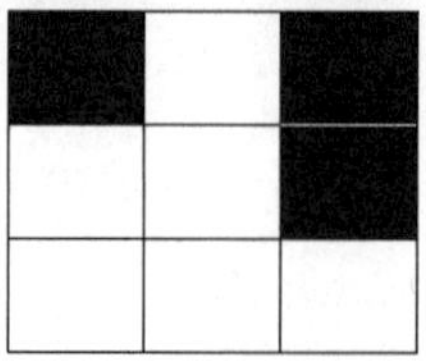

ㅁ.

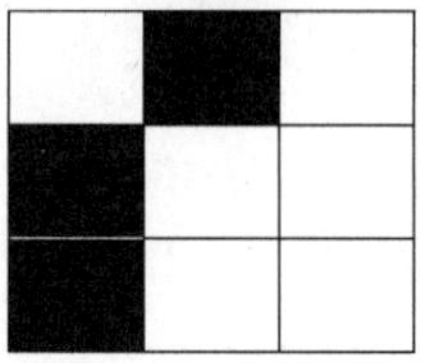

① ㄱ, ㄴ, ㄹ

② ㄱ, ㄷ, ㅁ

③ ㄴ, ㄷ, ㄹ

④ ㄴ, ㄷ, ㅁ

⑤ ㄷ, ㄹ, ㅁ

78 다음 글을 근거로 판단할 때, 〈보기〉에서 옳은 것만을 모두 고르면?

> 甲과 乙은 A대학원의 「철학의 이해」강의의 수강생들이다. 본 강의의 기말고사는 주어진 문제에 대하여 자신의 생각을 쓰는 논술 시험이다. 시험 시작 시간은 오후 2시이고, 종료 시간은 정해져 있지 않다. 본인의 답안을 완성한 사람은 시험 시작 이후 언제든지 답안지를 제출하고 나갈 수 있다.
>
> 시험이 시작하고 처음으로 시계의 시침과 분침이 이루는 각도가 10°가 된 순간 甲은 답안지를 제출하고 나왔다. 甲이 답안지를 제출한 이후 시침과 분침이 3번 더 10°를 이루고, 네 번째 10°를 이루는 순간 乙도 답안지를 제출하고 나왔다.

〈보 기〉

ㄱ. 甲이 답안지를 제출한 시간은 2시 10분 이후이다.
ㄴ. 乙이 답안지를 제출한 시간은 4시 20분이다.
ㄷ. 甲이 답안지를 제출한 이후 1시간 동안 분침과 시침이 이루는 각도가 10°가 되는 시간은 존재하지 않는다.

① ㄱ
② ㄴ
③ ㄱ, ㄷ
④ ㄴ, ㄷ
⑤ ㄱ, ㄴ, ㄷ

79 다음 글을 근거로 판단할 때, 甲이 2020년 1월 6일 가지고 있던 현금과 K 은행에 예금한 금액을 바르게 짝지은 것은?

> 甲은 2020년 1월 6일 목요일에 K 은행과 N 은행에 자신이 가지고 있던 현금 전부를 일정액씩 나누어 예금하였다. 각 은행의 예금에 대한 정보는 다음과 같다.
>
> - K 은행 : 예금 이자는 매년 1월 5일 결산이 이루어지며 다음 날 지급한다. 연이율은 6.24%이다.
> - N 은행 : 예금 이자는 매달 5일 결산이 이루어지며 다음 날 지급한다. 연이율은 6%이며, 매달 적용되는 이율은 연이율을 12로 나눈 0.5%이다.
> - K 은행과 N 은행의 이자 지급 방식은 모두 단리 방식이다. 즉, 거치 기간에 따라 원금에 대한 이자만이 발생할 뿐 이자에 대한 이자는 발생하지 않는다.
>
> 2022년 7월 6일 甲가 보유한 K 은행과 N 은행 예금 계좌에는 모두 합하여 11,377,780원이 들어있었다. 단, 甲은 2020년 1월 6일 이후 추가로 입금하거나, 예금을 인출한 적이 없다.

① 900만원, 252만원
② 1,000만원, 252만원
③ 1,000만원, 485만원
④ 1,100만원, 485만원
⑤ 1,100만원, 500만원

80 다음 글을 근거로 판단할 때, 각자가 가진 카드의 자연수로 가능한 것은?

> 甲은 A, B, C, D 4명에게 1부터 10까지 서로 다른 자연수가 적혀있는 10장의 카드 중 한 장씩을 나누어 주었다. 4명은 원탁에 마주보고 앉아 자신이 받은 카드를 숫자가 보이도록 이마에 붙였다. 4명은 자신이 가진 카드에 적힌 자연수는 무엇인지 알지 못하지만, 자신을 제외한 나머지 3명의 카드에 적힌 자연수는 볼 수 있게 되었다. 이후 4명의 대화가 다음과 같다. (단, 甲은 4명의 카드에 적힌 자연수를 모두 알고 있다.)
>
> 甲 : 제가 나눠준 카드에는 짝수만 있는 것은 아닙니다.
> A : 저를 제외한 3명의 카드 중에 1과 5는 없습니다.
> B : 제가 볼 수 있는 자연수 중에서 가장 큰 숫자는 약수가 2개 뿐입니다.
> C : 제가 볼 수 있는 자연수 중에서 2개는 하나를 제곱하면 다른 하나의 수가 나오는 관계를 가지고 있습니다.
> D : 제가 볼 수 있는 자연수는 모두 짝수입니다.

① A 2, D 7
② A 4, C 8
③ B 3, D 7
④ B 8, C 6
⑤ C 2, D 9

81 다음 글과 〈진술〉을 근거로 판단할 때, 범인이 아닌 세입자가 사는 호수만으로 옳게 짝지은 것은?

甲 원룸은 아래 〈그림〉과 같이 3층까지 있으며, 3층은 건물 주인이 살고 있다. 나머지 2개 층에는 층마다 3개의 방이 있으며 각 방에 1명씩 총 6명의 세입자가 살고 있다.

〈그림〉

건물 주인집		
1호	2호	3호
4호	5호	6호

어느 날 누군가 건물 주인의 택배 2개를 훔쳐갔다. 범인은 세입자 6명 중 2명이며, 범인들은 거짓만을 말한다. 범인이 아닌 세입자들은 진실만을 말한다. 이들의 진술은 아래와 같다.

〈진 술〉

1호 : 4호 세입자의 말은 진실입니다.
2호 : 범인 2명끼리는 위, 아래 또는 양옆에 나란히 살고 있습니다.
3호 : 범인은 1층과 2층에 1명씩 있습니다.
4호 : 1호 세입자의 말은 진실입니다.
5호 : 6호 세입자의 말은 거짓입니다.
6호 : 범인 2명의 호수를 합하면 5가 됩니다.

① 1호, 2호
② 2호, 3호
③ 2호, 4호
④ 3호, 5호
⑤ 3호, 6호

82 다음 글과 〈상황〉을 근거로 판단할 때, 〈보기〉에서 옳은 것만을 모두 고르면?

○ 작업자 A, B, C, D는 함께 일주일 동안 벽에 색을 입히는 도색 작업을 진행한다.
○ 아래와 같이 1번부터 6번까지 6개의 벽이 존재한다. 각 작업자는 일주일에 이틀을 작업하며, 작업일마다 조건에 맞는 벽을 모두 골라 작업을 진행한다.

1번	2번	3번	4번	5번	6번

○ 벽은 한 번 색을 입힌 이후, 그 위에 덧칠을 하는 것도 가능하다. 벽의 색깔은 작업할 때마다 '빨강 → 파랑 → 노랑 → 초록' 순서로 색이 변한다. 예를 들면, 1번 벽에 A가 첫 날 작업을 진행하면 1번 벽은 빨간색이 되지만, 이튿날 B가 1번 벽에 다시 작업하는 경우 1번 벽은 파란색으로 변한다.
○ 작업자 A는 짝수 번호를 지닌 벽만 도색 작업을 진행하며, 작업을 진행하면 연속으로 5일을 쉬어야 한다.
○ 작업자 B는 이틀 동안 홀수 번호를 지닌 벽만 도색 작업을 진행한다.
○ 작업자 C는 벽 번호를 3으로 나누어서 나머지가 1인 벽만 도색 작업을 진행한다.
○ 작업자 D는 벽 번호를 3으로 나누어서 나머지가 2인 벽만 도색 작업을 진행하며 같은 날 다른 사람과 함께 작업을 진행하는 경우, 다른 사람의 작업이 모두 끝난 이후 작업을 진행한다.

〈상 황〉

○ 작업자 B는 이틀을 연속해서 홀로 작업했다.
○ 작업자 C는 작업자 B의 작업이 모두 끝난 다음 날 본인의 작업을 처음 진행하였다.
○ 작업자 D는 이틀 중 하루만 다른 작업자 한 명과 함께 작업을 진행하였다.
○ 가장 마지막 작업을 끝낸 사람은 D이다.
○ 도색 작업은 11월 21일 월요일에 처음 시작했다.
○ 작업자 C는 11월 24일에 도색 작업을 진행했다.

〈보 기〉

ㄱ. 도색 작업 결과 3번 벽과 6번 벽은 동일한 색상이다.
ㄴ. 만약 작업자 D가 금요일에 도색 작업을 진행했다면, 토요일에 4번 벽은 노란색일 것이다.
ㄷ. 금요일까지 자신의 도색 작업을 모두 마칠 수 있는 작업자는 최대 3명이다.
ㄹ. 만약 7번 벽이 존재하는 경우, 금요일 작업이 끝난 후 7번 벽은 초록색일 것이다.

① ㄱ, ㄴ
② ㄱ, ㄷ
③ ㄷ, ㄹ
④ ㄱ, ㄴ, ㄹ
⑤ ㄴ, ㄷ, ㄹ

※ 다음 글을 읽고 물음에 답하시오. [문 83. ~ 문 84.]

A게임은 1930년대 초 이스라엘에서 개발된 보드게임의 일종이다. 106개로 이루어진 사각형 타일(조각)을 한 사람당 14개씩 나누어 주고, 자신의 받침대에 받은 타일을 올려놓은 뒤, 자신의 타일을 가장 먼저 바닥에 내려놓는 사람이 이기는 게임이다. 받침대는 모두 4개이다.

타일은 빨강·파랑·검정·주황의 4가지 색깔로 구분되고, 각 타일에는 1에서 13까지의 숫자가 적혀있는데, 숫자마다 2개씩의 타일이 있다. 이렇게 모두 104개의 타일에, 어떤 숫자나 색깔로도 쓸 수 있는 히든 타일인 조커 2개로 이루어져 있다.

게임을 하기 위해서는 먼저 세트와 등록에 대한 개념을 알아야 한다. 세트에는 그룹과 연속 두 가지 개념이 있다. 그룹은 타일의 색깔은 다르지만 같은 숫자를 가진 타일이 3개 또는 4개일 때를 말하고, 연속은 색깔이 같은 타일의 숫자가 3개 이상 연속될 때를 말한다. 이처럼 타일이 세트되면 자신의 타일을 바닥에 내려놓을 수 있다.

등록은 세트된 타일들을 바닥에 내려놓되, 세트 된 타일들의 숫자의 합이 30 이상일 때 바닥에 내려놓을 수 있는 것을 말한다. 즉 자신의 세트된 타일들을 처음으로 바닥에 내려놓을 때는 이 조건을 충족해야 한다. 그러나 일단 등록을 한 뒤에는 숫자의 합이 30이 넘지 않아도 세트가 되기만 하면 언제든지 타일들을 내려놓을 수 있다.

게임 인원은 2~4명이다. 사람마다 14개씩 타일을 받아 자신의 받침대 위에 늘어놓는다. 자신의 차례가 되면 숫자의 합이 30 이상으로 세트 된 타일들로 등록을 하고, 다시 차례가 될 때마다 타일들을 내려놓는데, 가장 먼저 자신의 타일 모두를 바닥에 내려놓는 사람이 승자가 된다. 자신의 차례가 될 때마다 새로운 세트의 타일을 내려놓거나, 이미 바닥에 놓인 타일에 자신의 타일을 추가할 수 있다. 바닥에 놓인 타일을 옮겨 새로운 세트를 만드는 것도 가능하다. 단, 항상 바닥에 놓인 타일은 세트가 되어야 한다.

2개의 조커는 어떤 색, 어떤 숫자로도 쓸 수 있는 타일이다. 예를 들어 같은 색 타일의 숫자가 1과 3이라면, 그 사이에 조커를 넣어 세트 시킬 수 있다. 색깔이 다른 숫자 1이 두 개일 때도 마찬가지로 조커를 써서 세트 시킬 수 있다.

83 윗글을 근거로 판단할 때, 甲이 자신의 차례에 바닥에 놓인 타일이 〈상황1〉과 같다면 〈상황2〉에서 낼 수 있는 타일의 최대 개수로 옳은 것은? (단, 甲은 등록은 마친 상태이다.)

〈상 황 1〉

甲은 게임에서 승리하기 위해 최선을 다하며, 현재 자신의 받침대 위에 올려놓은 타일은 다음과 같다.

주	주	주	검	검	검	파	파	조
8	9	10	9	11	13	4	5	커

〈상 황 2〉

검	검	검
10	11	12

빨	빨	빨	빨	빨
4	5	6	7	8

파	파	파	파	파
6	7	8	9	10

빨	검	주	파
9	9	9	9

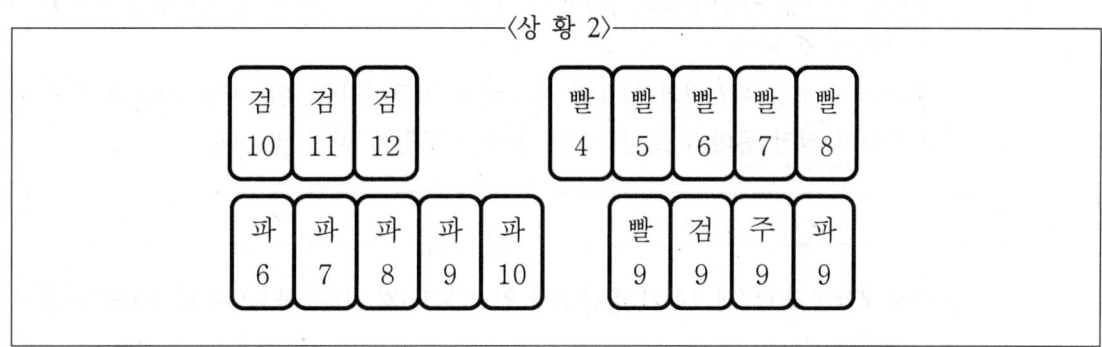

※ '검 10'은 검정색 색깔로 구분되는 타일 중 10의 숫자가 적혀있는 타일을 나타낸다.

① 5개
② 6개
③ 7개
④ 8개
⑤ 9개

84 윗글을 근거로 판단할 때 옳은 것은?

① 4명이 게임을 한다면 참가자들이 받은 타일은 총 64개이다.
② 자신의 차례에 검정 타일 8, 9, 10을 가지고 있다면 언제든지 내려놓을 수 있다.
③ 자신의 차례에서 받침대 위에 세트 된 타일이 없다면 바닥에 타일을 내려놓을 수 없다.
④ 그룹은 타일의 색깔은 다르지만 같은 숫자를 가진 타일이 3개 또는 4개일 때를 말한다.
⑤ 어떤 참가자가 조커를 넣어 세트를 만든 경우, 다른 참가자는 조커를 넣어 세트를 만들 수 없다.

85 다음 글과 〈상황〉을 근거로 판단할 때, 〈보기〉에서 옳은 것만을 모두 고르면?

○ 甲, 乙, 丙, 丁은 한국대학교 전자공학과 학생으로 학과 내에서 보드게임 동아리를 하고 있다.
○ 네 사람은 모임마다 간식 비용을 부담할 한 사람을 게임을 통해 정하기로 하였다. 주사위 2개를 굴려서 나온 2개의 수의 합을 자신의 점수로 한다. 짝수일에는 가장 점수가 작은 사람이, 홀수일에는 가장 점수가 높은 사람이 간식비를 부담한다. 만약 간식비를 부담할 사람이 2명 이상인 경우, 해당하는 사람의 수만큼 간식비를 동일하게 분담한다. 단, 주사위 2개의 수가 같은 경우에는 점수와 상관없이 간식비 부담에서 제외되며, 간식비를 부담할 사람이 제외대상이 된 경우 다음으로 점수가 작거나 높은 사람이 간식비를 부담하게 된다.
○ 동아리는 매주 화요일과 금요일 주 2회에 이루어진다. 단, 시험 기간과 시험 기간이 시작하기 직전 동아리 모임일에는 동아리 모임을 하지 않는다.

〈상 황〉

○ 한국대학교 2022년 2학기 중간고사 일정은 10월 20일 목요일부터 10월 26일 수요일까지이다.
○ 다음은 2022년 10월에 있었던 동아리 모임 중 1회부터 4회까지 모임의 간식 비용과 주사위 게임 결과이다.

	甲	乙	丙	丁	간식비용
1회	5점	8점	10점	4점	2만 원
2회	9점	10점	10점	6점	1만 2천 원
3회	11점	4점	5점	4점	1만 6천 원
4회	3점	8점	2점	9점	2만 4천 원

〈보 기〉

ㄱ. 2022년 10월 동아리는 총 6회 모였다.
ㄴ. 2022년 10월에 있었던 동아리 모임 중 1회부터 4회까지의 모임 동안 네 사람 모두 1번 이상 간식비용을 부담하였다.
ㄷ. 2022년 10월에 있었던 동아리 모임 중 1회부터 4회까지의 모임 동안 甲이 지불한 간식 비용은 1만 6천 원을 초과할 수 있다.

① ㄱ
② ㄴ
③ ㄷ
④ ㄱ, ㄷ
⑤ ㄴ, ㄷ

86 다음 글을 근거로 판단할 때, ㉠과 ㉡의 차이로 옳은 것은?

> A, B, C 3개의 지역은 일직선 상에 순서대로 위치한다. 甲과 乙은 정확히 오후 1시에 A지역을 출발해 B지역을 지나 C지역으로 가게 되었다. A지역에서 B지역까지의 거리는 10.8km이며 오르막길이다. B지역에서 C지역까지의 거리는 7.2km이며 내리막길이다. 甲은 같은 날 오후 5시 20분에 C지역에 도착했으며, 乙은 같은 날 오후 6시 42분에 C지역에 도착했다. 오르막길을 올라가는 속력은 甲이 乙보다 50% 빠르며, 내리막길을 내려가는 속력은 甲이 乙보다 10% 느리다. 甲은 A지역을 출발해서 B지역에 도착하기까지 일정한 속력(㉠ km/h)으로 이동했으며, B지역을 출발해서 C지역에 도착하기까지 일정한 속력(㉡ km/h)으로 이동했다. 두 사람 모두 별도로 휴식을 취한 적은 없다.

〈보 기〉

> ㄱ. 금고를 열기 위해 가장 먼저 눌러야 하는 버튼에는 A2가 적혀있다.
> ㄴ. Ⓐ에 들어갈 지워진 버튼에는 알파벳 C가 적혀있다.
> ㄷ. 7번째로 누르는 버튼과 2번째로 누르는 버튼에는 동일한 내용이 적혀있다.

① 1.8
② 2.2
③ 2.8
④ 3.2
⑤ 4.0

87 다음 글을 근거로 판단할 때, 모든 학생들이 1월 1일 앉아있던 자리와 같은 자리에 앉게 되는 가장 빠른 날짜는?

A는 7명의 학생(B~H)과 1월 1일부터 매일 방과후 독서 모임을 한다. 아래 〈1월 1일의 좌석배치도〉를 기준으로 모임에 참석할 때마다 각자 앉는 자리는 다음의 규칙에 따라 달라진다.

○ 규칙 1. 왼쪽 원을 따라 앉는 5명의 학생들이 시계 방향으로 한 칸씩 자리를 옮겨 앉는다.
○ 규칙 2. 규칙 1에 따라 자리를 옮겨 앉은 상태에서, 오른쪽 원을 따라 앉아 있는 5명의 학생들이 시계 방향으로 한 칸씩 자리를 옮겨 앉는다.

예를 들어, E가 1월 2일 모임에 참석하여 규칙 1에 따라 A자리로 옮긴 후, 규칙 2에 따라 F의 자리로 옮겨 앉는다.

〈1월 1일의 좌석배치도〉

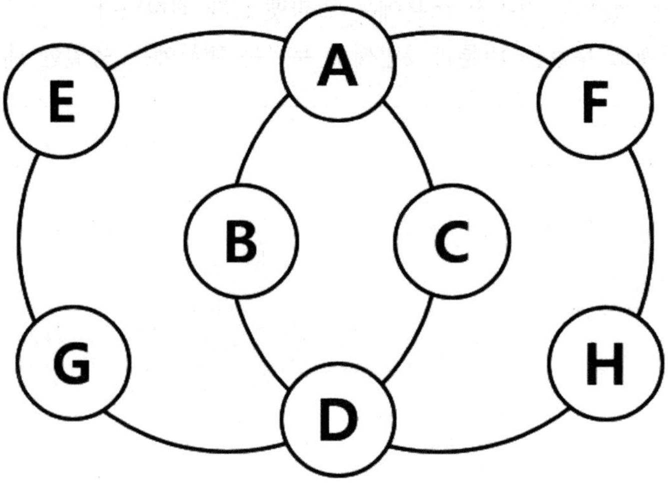

① 1월 12일
② 1월 14일
③ 1월 15일
④ 1월 16일
⑤ 1월 18일

88 다음 글을 근거로 판단할 때, A신문회사의 1963년 파일함 중 이름에 모두 다른 숫자가 적혀있는 파일함의 개수로 옳은 것은?

> A신문회사는 1960년 설립 이래 사건이 일어난 파일을 정리할 때 항상 다음과 같은 규칙에 따른다. 파일함의 이름이 910703이라면 해당 파일함은 91년 7월 3일자 신문에 실린 사건들의 파일을 정리해둔 것이다. 910707이라면 해당 파일함은 91년 7월 7일자 신문에 실린 사건들의 파일을 정리해둔 것이며, 이때는 파일함에 0과 7이라는 숫자가 중복되어 사용되었음을 알 수 있다.

① 65개
② 70개
③ 75개
④ 80개
⑤ 85개

89 다음 글을 근거로 판단할 때, 실험 후에 각 컵에 담겨 있는 소금물의 농도가 작은 것부터 바르게 나열한 것은?

> 4명의 학생 甲, 乙, 丙, 丁은 소금물의 농도를 관찰하는 실험을 하고 있다. 소금물의 농도를 구하는 방법은 다음과 같다.
>
> $$\text{소금물의 농도 (\%)} = \frac{\text{소금의 양}}{\text{소금물의 양}} \times 100$$
>
> 〈실험 내용〉
>
> ○ 甲 : A컵에 농도가 15%인 소금물 100g을 가지고 있다. 여기서 50g을 따라낸 후 남은 소금물에 물 100g을 추가하였다.
>
> ○ 乙 : B컵에 농도가 15%인 소금물 200g을 가지고 있다. 여기서 물이 50g이 증발되었다. 남은 소금물에 농도가 5%인 소금물 300g을 섞었다.
>
> ○ 丙 : C컵에 소금 25g이 녹아 있는 소금물이 125g있다.
>
> ○ 丁 : D컵에는 4%의 소금물 100g, E컵에는 10%의 소금물 200g을 가지고 있다. 각 컵에서 50g씩의 소금물을 꺼내어 꺼낸 소금물을 섞었다. 그 후 섞은 소금물을 다시 50g씩 D컵과 E컵에 넣었다.

① A = D < B < E < C
② A < D < E < B < C
③ A < D < B < E < C
④ D < A < E < B < C
⑤ D < A < B < E < C

90 다음 글과 〈조건〉을 근거로 판단할 때, 항상 옳은 것만을 〈보기〉에서 모두 고르면?

채영이와 윤정이는 영토를 점령하는 게임을 한다. 〈그림〉의 A에서부터 게임을 시작해서 자신의 차례마다 동쪽 또는 북쪽 중 한 방향만을 선택해서 최소 1칸에서 최대 3칸까지 영토를 점령할 수 있다. 이때 B를 먼저 점령하는 사람이 승리한다. 단, 다른 사람이 이미 점령한 영토는 점령할 수 없다. 두 사람은 게임에서 승리하기 위해 최선을 다한다.

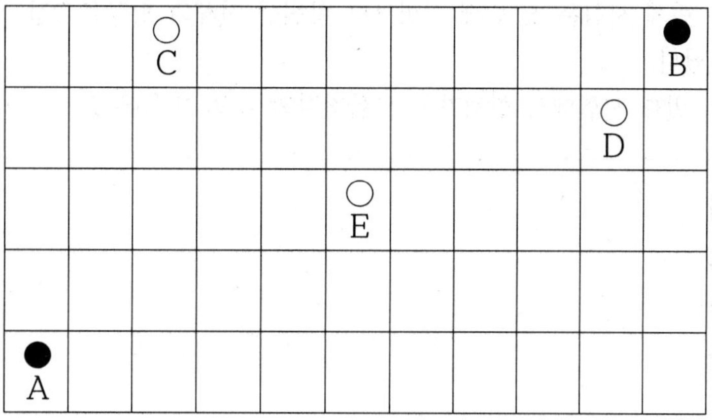

〈보 기〉

ㄱ. 먼저 게임을 시작한 사람이 반드시 승리한다.
ㄴ. D를 점령한 사람은 반드시 게임에서 승리할 수 있다.
ㄷ. C를 점령한 사람은 반드시 게임에서 승리할 수 있다.
ㄹ. E를 점령한 사람은 반드시 게임에서 승리할 수 있다.

① ㄱ, ㄴ
② ㄱ, ㄴ, ㄷ
③ ㄱ, ㄴ, ㄹ
④ ㄱ, ㄷ, ㄹ
⑤ ㄴ, ㄷ, ㄹ

91 다음 글을 근거로 판단할 때, 두 번째 시험에서 불합격자의 평균은?

> ○ 甲학원에서는 전체 학원생을 대상으로 80점 이상이면 합격하는 상황판단 시험을 2회 실시하였다.
> ○ 첫 번째 시험에서 합격자의 평균은 87점이었으며, 불합격자의 평균은 65점이었다.
> ○ 첫 번째 시험에서 합격자와 불합격자의 수의 비율은 3 : 8 이었다.
> ○ 두 번째 시험은 첫 번째 시험보다 학원생 전체의 평균은 9점, 합격자의 평균은 2점이 올랐다.
> ○ 두 번째 시험에서 합격자와 불합격자의 수의 비율은 2 : 1 이었다.

① 62점
② 63점
③ 64점
④ 65점
⑤ 66점

92 다음 글을 근거로 판단할 때 옳지 않은 것은?

> 지역 학교 대표들이 참가한 체육대회에 A학교 대표로 甲, 乙, 丙, 丁, 戊, 己가 참가했다. 6명이 참가한 경기 종목은 멀리뛰기와 오래달리기이다. 3명은 멀리뛰기 결승전에 진출했으며, 3명은 오래달리기 결승전에 진출했다. A학교 대표 중 두 종목 모두 결승전에 진출한 사람은 없다.
>
> ○ 한 종목 결승전에서 1등은 25점, 2등은 20점, 3등은 15점, 4등은 10점을 받는다.
> ○ 자신이 참가한 종목에서 丙이 戊보다 더 높은 등수를 받았다.
> ○ 자신이 참가한 종목에서 乙이 丁보다 더 높은 점수를 받았다.
> ○ 甲과 己는 서로 다른 종목에 참가했으며, 자신이 참가한 종목에서 甲이 받은 점수가 己가 받은 점수보다 더 높다.
> ○ A학교 대표 6명 중 멀리뛰기 결승전에 진출한 3명이 받은 점수와 오래달리기 결승전에 진출한 3명이 받은 점수는 총 5점 차이가 난다.
> ○ 丁은 멀리뛰기에 참가하여 20점을 받았고, 丙은 오래달리기에 참가하여 15점을 받았다.

① 甲과 戊는 다른 종목 결승전에 진출했다.
② 己는 오래달리기 결승전에서 4등을 했다.
③ A학교 대표 6명 중 멀리뛰기 결승전에 진출한 3명이 받은 점수의 총합은 45점이다.
④ A학교 대표 6명 중 오래달리기 결승전에 진출한 3명이 받은 점수의 총합은 60점이다.
⑤ A학교 대표 6명 중 멀리뛰기 결승전에 진출한 3명이 받은 점수의 총합이 오래달리기 결승전에 진출한 3명이 받은 점수의 총합보다 5점 높다.

※ 다음 글을 읽고 물음에 답하시오. [문 93. ~ 문 94.]

습도란 공기 중에 수증기가 들어 있는 정도를 의미하는 지표이다. 습도에는 절대습도, 상대습도, 비습 등이 있다. 절대습도는 공기 1㎥ 중에 포함된 수증기의 양을 g으로 나타낸 양으로 g/㎥의 단위를 갖는다. 상대습도는 현재 공기가 품고 있는 수증기량(단위, g/㎥)을 현재 온도에서 이 공기가 품을 수 있는 최대 수증기량인 포화수증기량(단위, g/㎥)으로 나눈 것을 백분율로 표시한 양이며, 단위는 %이다. 비습은 공기 중 수증기의 질량을 수증기를 포함한 전체 공기의 질량으로 나눈 값으로 차원이 없는 양이다.

절대습도를 측정하고자 한다면 공기를 수증기를 흡수하는 건조제 속으로 통과하게 하여 건조제가 수증기를 모두 흡수하게 한 후 건조제의 질량 증가량을 측정하면 수증기의 양을 얻을 수 있다. 혹은 일정량의 공기 시료의 질량을 같은 부피의 건조한 공기의 질량과 비교하여 시료 공기의 수증기량을 알아낼 수 있다. 이렇게 측정된 절대습도는 이론적으로 정확할 수 있으나, 측정 기구가 크거나 시간이 오래 걸리는 등 실용적이지는 않아 일반적으로 습도계는 상대습도를 측정하도록 설계되어 있다.

이슬점은 수증기와 물이 평형을 이루고 있을 때, 즉 일정한 시간 동안 수증기에서 물이 되는 분자의 수와 물에서 수증기가 되는 분자의 수가 같을 때의 온도이다. 이슬점 온도계는 공기의 현재 온도와 이슬점을 측정한다. 이슬점은 공기의 온도를 낮추면서 금속 거울에 이슬이 맺히기 시작하는 온도를 측정하여 알 수 있다. 상대습도는 다음과 같이 쓸 수 있다.

$$\text{상대습도} = \frac{\text{이슬점에서의 포화수증기량}}{\text{현재 온도의 포화수증기량}} \times 100\ (\%)$$

따라서, 포화수증기량이 온도에 따라 어떻게 변화하는지를 보여주는 실험 데이터나 계산 결과가 있으면, 현재 온도와 이슬점을 측정하여 상대습도를 알 수 있다.

건습구온도계는 이름에서 보듯이 건구 온도와 습구 온도를 측정하며, 온도와 습도를 함께 알아내는 계기이다. 건구온도계는 보통의 온도계로서 건구 온도는 현재 공기의 온도이다. 습구온도계의 아래 부분은 물에 젖은 헝겊으로 싸여 있는데 물이 증발하면서 증발열을 가져가므로 습구 온도는 건구 온도보다 낮다. 습도가 낮을수록 물의 증발이 잘 되므로 습구 온도는 더 낮아지게 된다. 이러한 점을 이용하여, 건구 온도와 습구 온도를 측정하고 이들과 습도의 관계를 나타내는 표를 통해 상대습도를 구할 수 있다.

93 윗글을 근거로 판단할 때 옳은 것은?

① 비습은 0에서 100 사이의 값을 가질 수 있으며 차원은 없다.
② 이슬점 온도계와 건습구 온도계에는 모두 상대습도가 표시된다.
③ 건습구 온도계에서 건구와 습구의 온도가 동일한 경우는 존재할 수 없다.
④ 이슬점에서의 포화수증기량은 현재 온도에서 공기가 품고 있는 수증기량과 동일하다.
⑤ 절대습도가 갖는 이론적 한계로 인해 일반적으로 습도계는 상대습도를 측정하도록 설계되었다.

94 윗글과 다음 〈정보〉를 근거로 판단할 때, 〈보기〉에서 옳은 것만을 모두 고르면?

〈정 보〉

건습구온도계를 통해 상대습도를 측정하기 위하여 아래와 같은 습구 온도와 건구와 습구의 온도 차가 기록된 표를 활용할 수 있다.

(상대습도, 단위 : %)

습구온도	건구와 습구의 온도 차			
	1°C	2°C	3°C	4°C
19°C	91	83	76	67
20°C	91	83	76	70
21°C	92	84	77	71

현재 공기의 온도에 따른 포화수증기량은 다음과 같다.

온도	포화수증기량	온도	포화수증기량
17°C	14.5 g/m^3	21°C	18.4 g/m^3
18°C	15.3 g/m^3	22°C	19.5 g/m^3
19°C	16.3 g/m^3	23°C	20.6 g/m^3
20°C	17.3 g/m^3	24°C	21.8 g/m^3

〈보 기〉

ㄱ. 현재 습구 온도가 20°C이고 상대습도가 76%라면 현재 공기의 온도는 23°C이다.
ㄴ. 현재 온도가 22°C이고, 이슬점이 17°C로 측정되었다면 상대습도는 70% 이상이다.
ㄷ. 현재 공기의 온도가 24°C이고, 상대습도가 70%라면 습구의 온도는 20°C이다.

① ㄴ
② ㄷ
③ ㄱ, ㄴ
④ ㄱ, ㄷ
⑤ ㄱ, ㄴ, ㄷ

95 다음 글을 근거로 판단할 때, 甲이 고른 4개의 수로 만들 수 있는 네 자리 수 중에서 가장 큰 수의 십의 자리 숫자는?

> ○ 甲은 1에서 9까지의 자연수 중에서 4개의 서로 다른 수를 고른다. 甲은 이렇게 고른 4개의 숫자로 24가지의 네 자리 수를 만들 수 있다.
> ○ 甲이 고른 4개의 수로 만들 수 있는 네 자리의 수 중에서 두 번째로 작은 수는 5의 배수이다.
> ○ 甲이 고른 4개의 수로 만들 수 있는 네 자리의 수 중에서 두 번째로 큰 수는 4로는 나누어지지 않는 짝수이다.
> ○ 甲이 고른 4개의 수로 만들 수 있는 네 자리의 수 중에서 다섯 번째로 작은 수와 다섯 번째로 큰 수의 차이는 4,000에서 5,000 사이였다.

① 4
② 5
③ 6
④ 7
⑤ 8

96 다음 글과 〈상황〉을 근거로 판단할 때, 甲이 출발한 시간부터 乙이 ⓐ에 도착할 때까지 걸리는 시간은?

> 도로에 아래 〈그림〉과 같은 5개의 전등이 순서대로 있다. 모든 전등은 30초 간격으로 켜지고 꺼지는 것을 반복한다. 전동 ⓐ가 켜짐과 동시에 시속 36km로 달리는 甲이 전등 ⓐ에서 ⓔ의 방향을 향해서 출발했다. 甲이 ⓑ, ⓒ, ⓓ, ⓔ에 도착함과 동시에 각 전등도 켜지는 것을 확인할 수 있었다. 단, 전등이 켜지지 않으면 다음 전등까지 이동할 수 없으며, 전등이 켜질 때까지 기다려야 한다.
>
> 〈그림〉
>
> 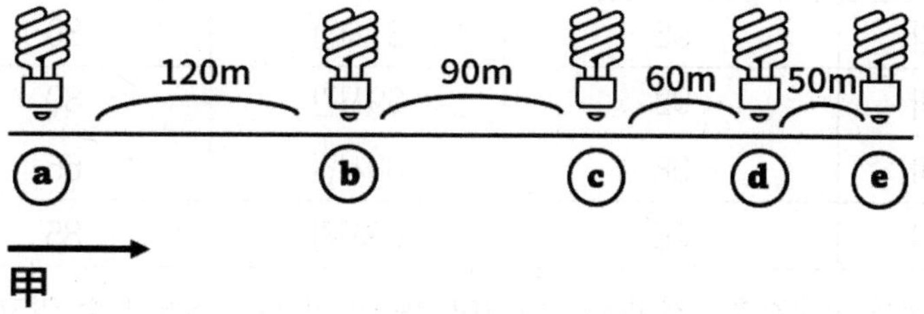
>

〈상 황〉

> 전등 ⓔ가 켜짐과 동시에 시속 36km로 달리는 乙이 전등 ⓔ에서 ⓐ의 방향을 향해서 출발했다.

① 32초
② 37초
③ 43초
④ 52초
⑤ 84초

97 다음 글을 근거로 판단할 때 A고등학교에서 甲대학 학교장추천전형에 추천할 학생 두 명을 옳게 짝지은 것은?

○ A고등학교에서는 2019년 甲대학 학교장추천전형 수시지원에 추천할 학생을 선정하기 위해 3학년 각 반의 1등 학생(가 ~ 사)에 대한 정보를 종합하여 아래와 같이 정리하였다.

〈학생 평가 결과〉

학생	내신평가점수	비교과 평가		
		자원봉사시간	대외수상점수	리더십경험
가	93	68시간	75	반장
나	97	66시간	85	없음
다	93	77시간	75	부학생회장
라	95	81시간	80	학생회장
마	92	69시간	80	부반장
바	98	60시간	65	없음
사	96	58시간	85	반장

○ 甲대학 학교장추천전형에는 학교당 2명의 학생을 추천할 수 있고, A고등학교에서는 내신환산점수와 비교과평가를 합하여 2명의 학생을 선정해 추천할 계획이다.

○ 내신환산점수는 내신평가점수를 3배한 점수를 의미하며, 비교과평가의 경우 아래의 기준에 따라 점수화한다.

- 자원봉사시간 : 80시간 이상은 100점,
  70시간 이상 80시간 미만은 95점
  70시간 미만은 90점
- 대외수상점수 : 80점 이상은 100점, 80점 미만은 90점
- 리더십경험 : 학생회장은 자원봉사시간 점수와 대외수상점수를 합한 점수의 10%를 가산하며, 리더십 경험이 '없음'인 학생은 자원봉사시간 점수와 대외수상점수를 합한 점수의 10%를 감산한다.

○ 甲대학은 학교장추천전형에서 자원봉사시간이 60시간 미만인 학생은 선발하지 않는다는 방침이 있어, A고등학교에서는 이에 해당하는 학생은 추천하지 않기로 하였다.

① 나, 라
② 나, 사
③ 다, 라
④ 라, 마
⑤ 라, 사

98 다음 글과 〈상황〉을 근거로 판단할 때 옳지 않은 것은?

아래와 같은 가로, 세로 각각 3칸씩 총 9칸의 표에 가위, 바위, 보 중 하나가 채워져 있다.

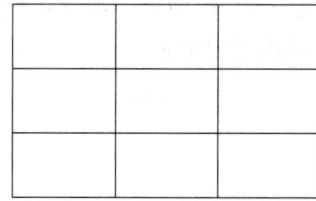

○ 바위는 가위를 이기고, 가위는 보를 이기고, 보는 바위를 이긴다.
○ 하나의 칸을 터치하고 다른 칸으로 드래그하면 표의 내용에 변화가 일어난다. 이때 드래그는 인접한 칸으로만 할 수 있다.
○ 터치한 칸의 내용이 드래그한 칸의 내용을 이기는 경우 드래그한 칸의 내용이 터치한 칸의 내용으로 변화한다. 예를 들어 가위 칸을 터치하고 보 칸으로 드래그한 경우 보 칸이 가위 칸으로 바뀐다. 이 경우 1회의 행동을 실행한 것으로 본다.
○ 터치한 칸의 내용이 드래그 칸의 내용에 지거나 비기는 경우 어떤 변화도 일어나지 않는다. 이 경우 1회의 행동을 실행한 것으로 보지 않는다.

〈상 황〉

○ 다음과 같은 표가 주어져 있다.

가위	바위	보
가위	보	바위
바위	가위	보

○ 모든 칸의 내용을 동일한 내용으로 채우고자 한다.

① 10회의 실행안에 모든 칸의 내용을 '바위'로 바꾸는 것은 불가능하다.
② 10회의 실행안에 모든 칸의 내용을 '보'로 바꾸는 것은 불가능하다.
③ 15회의 실행안에 모든 칸의 내용을 '바위'로 바꾸는 것이 가능하다.
④ 15회의 실행안에 모든 칸의 내용을 '보'로 바꾸는 것이 가능하다.
⑤ 15회의 실행안에 모든 칸의 내용을 '가위'로 바꾸는 것이 가능하다.

99 다음 글을 근거로 판단할 때, 乙이 최종 우승할 수 있는 확률은?

> 甲, 乙, 丙, 丁 4명은 토너먼트로 게임을 하려고 한다. 2명씩 짝이 되어 경기를 치른 후, 경기에서 승리한 사람 2명이 결승전을 치루고 최종 우승자를 가리게 된다. 丁은 모든 경기자에 대해 80%확률로 승리할 수 있다. 甲, 乙, 丙은 丁을 제외한 나머지 경기자에 대해 모두 동일한 확률로 승리할 수 있다.

① 8%
② 12%
③ 20%
④ 25%
⑤ 36%

100 다음 글을 근거로 판단할 때, 작은 버스가 차고지를 출발한 후 차고지로 다시 돌아오기까지 걸린 시간은?

> 甲학교에는 학교의 차고지에서 출발하여 같은 동선으로 학교를 순환하고 차고지로 돌아오는 두 대의 셔틀버스가 있으며, 총 10개의 셔틀버스 정류장이 있다. 두 대의 버스 중 작은 버스는 속력이 빠른 대신 학생들을 조금 태울 수 있으며, 큰 버스는 속력이 느린 대신 학생들을 많이 태울 수 있다. 빠른 버스의 속력은 느린 버스의 1.2배이다. 느린 버스는 학교를 순환하며 10개의 정류장에 모두 정차하고, 빠른 버스는 10개의 정류장 중 정문과 공대입구 단 2개 정류장에서만 정차한다. 각 정류장마다 정차하는 시간은 3분이다. 차고지에서 느린 버스가 출발하고 40분 후 빠른 버스도 차고지에서 출발하여 두 대가 모두 학교를 한 바퀴 순환하고 동시에 차고지에 도착했다.

① 1시간
② 1시간 5분
③ 1시간 8분
④ 1시간 26분
⑤ 1시간 40분

02

실전연습문제 정답과 해설

PART 01 | 실전연습문제

01	02	03	04	05	06	07	08	09	10
③	③	④	④	④	①	④	③	③	③
11	12	13	14	15	16	17	18	19	20
⑤	②	④	⑤	④	③	④	②	③	③
21	22	23	24	25	26	27	28	29	30
①	④	④	①	③	②	⑤	④	③	③
31	32	33	34	35	36	37	38	39	40
⑤	③	③	③	③	②	②	②	④	③
41	42	43	44	45	46	47	48	49	50
④	①	⑤	③	①	④	④	④	⑤	⑤
51	52	53	54	55	56	57	58	59	60
①	①	②	④	③	⑤	③	②	④	③
61	62	63	64	65	66	67	68	69	70
④	③	④	③	②	⑤	③	②	④	④
71	72	73	74	75	76	77	78	79	80
②	②	④	③	①	③	③	②	③	①
81	82	83	84	85	86	87	88	89	90
④	①	⑤	④	③	①	④	②	②	②
91	92	93	94	95	96	97	98	99	100
①	①	④	⑤	①	⑤	④	②	②	④

01

정답 ③

한 변이 10cm인 정육면체 중 검은색 면이 4개인 정육면체는 0개.
한 변이 10cm인 정육면체 중 검은색 면이 3개인 정육면체는 큰 정육면체의 꼭짓점의 수와 같으므로 8개.
한 변이 10cm인 정육면체 중 검은색 면이 2개인 정육면체는 큰 정육면체의 가장자리의 수와 같으므로 12개.
한 변이 10cm인 정육면체 중 검은색 면이 1개인 정육면체는 큰 정육면체의 면의 수와 같으므로 6개.
한 변에 10cm인 정육면체 중 검은색 면이 0개인 정육면체는 1개다.

02

정답 ③

ㄱ. (X) 한국은 3라운드 출전 경기에서 패배했다.
ㄴ. (O) 일본은 1라운드 출전 경기에서 승리했다.
ㄷ. (O) 유럽 대륙의 3라운드 전적은 2승 2무이다.
ㄹ. (X) 사우디아라비아는 3라운드 출전 경기에서 패배를 기록할 수도 있다.

	1라운드	2라운드	3라운드	4라운드
한국				
일본				
이란				
사우디				
아시아	승	무	패	승

이란의 2패가 1라운드와 4라운드 출전 경기 전적이라면, 나머지 2라운드와 3라운드 전적은 무승부라는 것을 알 수 있다.

	1라운드	2라운드	3라운드	4라운드
한국				
일본				
이란	패	무	무	패
사우디				
아시아	승	무	패	승

1라운드와 4라운드는 최종 결과가 승리이므로, 이란이 1번의 패배를 기록하고 있는 상황에서 최소 2경기를 승리해야 한다. 따라서 전적상 승리가 있는 한국과 일본이 1라운드와 4라운드에서 반드시 승리했음을 알 수 있다.

	1라운드	2라운드	3라운드	4라운드
한국	승			승
일본	승			승
이란	패	무	무	패
사우디	무			무
아시아	승	무	패	승

사우디아라비아의 1번의 패배는 1라운드 및 4라운드에 위치할 수 없다. 그 경우 각 라운드는 유럽과 아시아가 무승부가 되기 때문이다. 따라서 사우디아라비아의 1라운드와 4라운드의 경기 전적은 무승부이다.

	1라운드	2라운드	3라운드	4라운드
한국	승	승		승
일본	승	무		승
이란	패	무	무	패
사우디	무	패		무
아시아	승	무	패	승

한국은 무승부인 경기가 없으므로 2라운드에서 4경기가 모두 무승부가 되는 것은 불가능하다. 따라서 2라운드는 승리 1번과 패배 1번이 존재해야 한다. 승리를 할 수 있는 국가는 한국 뿐이므로, 한국이 2라운드 승, 사우디가 2라운드 패배했다. 일본은 무승부를 기록한다. 만약 일본이 2라운드를 패배했다면 사우디가 무승부를 기록한다.
3라운드 경기는 남은 전적에 맞게 다음 두 가지 경우와 같이 채울 수 있다.

	1라운드	2라운드	3라운드	4라운드
한국	승	승	패	승
일본	승	무	패	승
이란	패	무	무	패
사우디	무	패	무	무
아시아	승	무	패	승

	1라운드	2라운드	3라운드	4라운드
한국	승	승	패	승
일본	승	패	무	승
이란	패	무	무	패
사우디	무	무	패	무
아시아	승	무	패	승

03

정답 ④

이 문제의 확정 정보는 우선 4명이 가져온 선물의 총 합이 10개라는 것이다. 따라서 4명이 가져온 선물의 개수에 대한 진술로 조합의 짝을 지어서 판단해 볼 수 있다.

1. 가영이의 진술+다솜이의 진술
   가영, 나리, 다솜, 라희의 선물의 개수가 실제 주어진 정보와 같이 총 10개이다.
   따라서 가영이의 진술이 참이라면, 다솜이의 진술도 참이어야하며 가영이의 진술이 거짓이라면 다솜이의 진술도 거짓이어야 한다.
2. 나리의 진술+라희의 진술
   가영, 나리, 다솜, 라희의 선물의 개수가 실제 주어진 정보와 달리 총 9개이다.
   따라서 나리와 라희 둘 중 적어도 한 사람은 반드시 거짓 진술을 했음을 알 수 있다.

위와 같은 사실을 반영하는 선지는 ④ 또는 ⑤ 이다.
따라서 두 가지의 경우만 모순이 없는지를 확인해보면 된다.

④ 가영, 나리, 다솜이 2개 가져온 경우이다. 이 경우 라희는 4개를 가져와야 한다. 이때 가영, 나리, 다솜의 진술은 거짓이고 라희의 진술은 참이되므로 모순이 존재하지 않는다.

⑤ 가영, 다솜, 라희가 2개를 가져온 경우이다. 이 경우 나리는 4개를 가져와야 한다. 이때 가영, 다솜, 라희의 진술은 거짓이고 나리의 진술은 참이어야 한다. 그러나 살펴보면 나리의 진술도 거짓이 되므로 이 경우는 모순이 존재한다.

네 사람의 진술을 근거로 판단하면 가영이 2개, 나리 2개, 다솜이 2개, 라희 4개의 선물을 가져오며 정답은 ④이다.

04

정답 ④

[1, 7, 4, 6] 을 제자리로 옮기기 위해 5회의 이동이 필요하다.
[2, 13], [8, 3], [10, 5], [12, 9], [14, 11]을 제자리로 옮기기 위해 각각 3회씩의 이동 필요하다.
[16, 15, 17] 을 제자리로 옮기기 위해 3회의 이동이 필요하다. 따라서 필요한 최소한의 이동 횟수는 24회이다.

05

정답 ④

ㄱ. (○) 오직 목요일의 경우에만 토끼의 말이 참이 되고, 모자 장수의 말이 거짓으로 모순이 없게 된다.
ㄴ. (×) 토끼의 말이 참인 경우, 이날은 목요일이고, 3일 뒤는 일요일이기에 참을 말 할 것이므로 모순이 된다.
ㄷ. (○) 토끼의 말이 참인 경우, 오늘은 목요일이 된다. 그러나 뒷 문장이 참이 될 수 없으므로, 모순이 된다. 토끼의 말이 거짓인 경우, 오늘은 월요일이 된다. 그러나 뒷문장이 거짓이 될 수 없으므로, 모순이 된다. 따라서 토끼가 두 진술을 동시에 할 수 없다.

06

정답 ①

우선 강좌별로 접수 인원을 정리하면 다음과 같다.

강좌명	정원	접수인원	강좌명	정원	접수인원
한국 근현대사	12	12	사진	16	16
스피치	10	10	사주명리학	10	7
생활 속 풍수지리	10	10	건강 약초	12	12
정리 수납	10	8	아로마테라피	15	12

접수인원을 토대로 전체 수강료와 교재비의 수입을 구하면 다음과 같다.

강좌명	정원	접수인원	수강료	교재비
한국 근현대사	12	12	24만	-
스피치	10	10	20만	-
생활 속 풍수지리	10	10	30만	10만
정리 수납	10	8	24만	11만 2천
사진	16	16	48만	27만 2천
사주명리학	10	7	14만	21만
건강 약초	12	12	36만	12만
아로마테라피	15	12	48만	-
총합			244만	81만 4천

수강료는 평생학습관과 강사가 5:5의 비율로 나누어 가지므로 평생학습관은 244만 원의 50%인 122만 원을 갖는다. 교재비는 평생학습관과 강사가 2:8의 비율로 나누어 가지므로 81만 4천의 20%인 16만 2800원을 갖는다. 따라서 평생학습관의 2023년 상반기 수입은 122만+16만 2800=138만 2800원이다.

07

정답 ④

~~C~~	F	A	시작	A	F	E
B	E	D	B	A	~~C~~	~~C~~
D	~~C~~	~~C~~	~~C~~	~~C~~	E	B
B	E	D	D	D	A	~~C~~
F	D	A	E	~~C~~	D	E
A	D	F	도착	F	D	~~C~~

은영이가 시작칸에서 출발하여 좌, 우, 아래 방향으로만 이동해서 도착칸에 도착하기 위해서는 반드시 A또는 B 중 하나의 알파벳을 거쳐야하며, E또는 F중 하나의 알파벳을 거쳐야 한다.
또한 D는 도착칸에 가기위해 반드시 거쳐야하는 알파벳임도 확인할 수 있다.
따라서 총3개의 알파벳만을 사용해야하는 은영이는 알파벳 C는 거치지 않는다.
그림을 통해 확인하면 은영이는 반드시 왼쪽방향으로 이동해야하고 이 과정에서 은영이가 고를 알파벳은 B, D, E 이로 확정된다.
은영이의 이동경로는 B-D-E-B-D-B-E-D-D-E 이다.
따라서, 이에 대응되는 숫자의 합은 37이다.

08

정답 ③

4명과 선무제의 A와 B에 대한 판결을 정리해야한다.
우선 지문을 통해 선무제는 A에 대해서는 사면, B에 대해서는 5년형의 처분을 내렸다.

	A	B
甲		
乙		
丙		
丁		
선무제	사면	5년형

A와 B에 대해 동일한 처분을 내리고자 하는 대신은 없으며, A에 대해 사면 또는 사형을 처해야 한다는 견해를 내놓은 두 대신은 B에게는 1년형 또는 5년형을 내려야 한다고 주장했다.
즉 나머지 A에게 1년형 또는 5년형을 내려야 한다고 주장한 대신들은 B에 대해서는 사면 또는 사형을 내려야 한다고 주장했을 것을 알 수 있다.

A	B
사면 or 사형	1년형 or 5년형
1년형 or 5년형	사면 or 사형

甲의 대화에 따르면, 4명 중 누구도 선무제의 판결과 완전히 일치한 사람은 없다. 따라서 A에게 사면을 내려야한다고 주장한 대신은 반드시 B에게는 1년형을 내려야 한다고 주장했을 것이다.
그러한 경우 A에게 사형을 내려야 한다고 주장한 대신은 B에게는 5년형을 내려야 한다고 주장했을 것이다.

A	B
사면	1년형
사형	5년형
1년형 or 5년형	사면 or 사형

甲은 A와 B 누구에게도 사형은 주장하지 않았다. 乙 또한 마찬가지이다. 乙은 A에 대해 사면을 주장하지도 않았다.
丁은 B를 사형해야한다고 주장했다. 丁이 A에 대해 주장한 처분은 甲이 B에 대해 주장한 처분과 같다.
위 내용을 정리하면 아래와 같다.

	A	B
甲	~~사형~~	~~사형~~ x
乙	~~사형 사면~~	~~사형~~
丙		
丁	x	사형
선무제	사면	5년형

이때 앞서 정리한 내용에 의하면 x에 들어갈 수 있는 판결은 1년형 또는 5년형이다. 甲의 주장은 선무제의 판결과 동일해서는 안되므로 A 사면, B 1년형이 될 수 밖에 없다. 그 후 남은 조건을 만족시키도록 표를 채우면 아래와 같다.

	A	B
甲	사면	1년형
乙	5년형	사면
丙	사형	5년형
丁	1년형	사형
선무제	사면	5년형

따라서 ③ 丙이 주장하는 A, B에 대한 처분은 乙이 주장하는 A, B에 대한 처분에 비해 각각 더 강함을 알 수 있다

09

정답 ③

자리 수가 한 자리, 두 자리, 세 자리인 경우로 나누어서 검토한다.
1) 한 자리 수 : 1~9 (9개)
2) 두 자리 수 : 10~99(180개)
3) 세 자리 수 : 654-189=465, 465/3=155
100부터 시작해서 155번째 숫자를 확인하면, 254쪽이다.

10

정답 ③

주어진 내용을 토대로 다음의 경우의 수를 확인해볼 수 있다.

라운드	1	2	3	4	5	6	7	8	9
승자					무	乙	乙	甲/무	무/甲

그 결과 甲이 2라운드의 승자가 되더라도 최종 승자가 될 수 있는지 여부는 판단할 수 없다. 하지만 乙이 2라운드의 승자가 된다면 乙이 승리한 횟수는 9번의 라운드 중 4번이 되어 남은 게임에서 甲이 모두 승리를 거두어도 3번이 최대가 되므로, 乙이 최종 승자가 될 수 있다.
ㄱ. (X) 8라운드가 비긴 경기가 될 수도 있다.
ㄴ. (X) 알 수 없다.
ㄷ. (O) 옳은 내용이다.

11

정답 ⑤

2023년 1월 9일로부터 2023년 5월 9일은 120일 뒤이다. 120일을 7로 나누면 총 17주에 1일이 더 있다는 것을 알 수 있다. 주 4일만 정해진 규칙대로 옷을 입으므로, $17\times4+1=69$이므로, 69일 동안 정해진 규칙대로 옷을 입는다. 옷은 총 $5\times3-1=14$가지의 조합으로 입는다. 따라서 69일을 14로 나누면 몫이 4, 나머지가 13이므로 5월 9일 입는 옷의 조합은 마지막 조합인 가디건, 청바지이다.

12

정답 ②

가족같은 : 2승 1무
월요병극복 : 2승 1패
체력단련 : 2무 1패
행복한 사람 : 1무 2패
체력단련팀은 가족 같은팀과, 행복한 사람 팀과 각각 한 차례의 무승부를 기록하였다. 따라서 나머지 1패는 월요병 극복 팀과의 경기의 결과이다. 따라서 선지 ③④⑤를 소거할 수 있다. 무승부 경기는 모두 0:0이므로, 체력단련 팀이 넣은 1개의 골은 월요병 극복 팀과의 경기에서 넣었으므로 답은 ②로 도출된다.

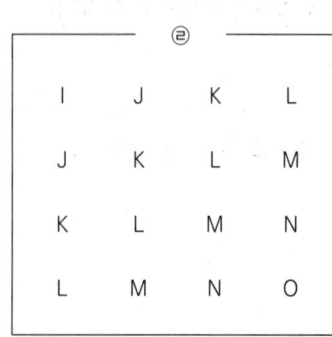

13

정답 ④

ㄹ

I	J	K	L
J	K	L	M
K	L	M	N
L	M	N	O

이 표에 적힌 16개 수의 평균은 L이다. 따라서 16개의 수의 합은 L×16=576이므로, L은 36이다.
〈그림1〉의 64개 숫자의 평균은 H이다. H는 32이다. 따라서 전체 숫자의 합은 64×32이므로 2048이 된다.

14

정답 ⑤

4명의 어린이의 나이는 각기 다르며, 나이의 합은 A의 나이와 같다. 각주에 따르면 A는 1991년생이며 발문에서 오늘이 2021년이라고 했으므로 A는 31살임을 확인할 수 있다.
丙은 甲보다 2살 어리며, 乙은 丁보다 나이가 1살 많다. 이들의 나이를 미지수를 사용해서 정리하면 아래와 같다.

어린이	甲	乙	丙	丁
나이	$x+2$	$y+1$	x	y

4명의 나이의 합이 A의 나이와 같다면 아래의 식이 성립해야 한다.
$(x+2)+(y+1)+x+y=31$
$\therefore\ x+y=14$
조건에 따르면 8살인 어린이가 쓰고 있는 모자에 대해 언급하고 있으므로 4명의 어린이 중 1명의 어린이는 8살이라는 것을 알 수 있다.
1) 甲$(x+2)$이 8살이라면, 丁(y)과 나이가 같으므로 어린이들의 나이가 모두 다르다는 조건에 모순된다.
2) 乙$(y+1)$이 8살이라면, 丙(x)과 丁(y)이 7살로 나이가 같으므로 어린이들의 나이가 모두 다르다는 조건에 모순된다.
3) 丙(x)이 8살이라면, 4명의 나이는 아래와 같다.

어린이	甲	乙	丙	丁
나이	10살	7살	8살	6살

4) 丁(y)이 8살이라면, 甲$(x+2)$과 나이가 같으므로 어린이들의 나이가 모두 다르다는 조건에 모순된다.
따라서 모자에 대한 발언을 대응시키면 아래와 같다.

어린이	甲	乙	丙	丁
나이	10살	7살	8살	6살
모자	빨간색	파란색	초록색	노란색

ㄱ. (×) 빨간색 모자를 쓰고 있는 어린이는 10살이다.
ㄴ. (○) 나이가 가장 많은 어린이는 10살로, 나이가 가장 어린 6살 어린이보다 4살 많다.
ㄷ. (○) 노란색 모자를 쓰고 있는 丁은 6살로 파란색 모자를 쓰고 있는 7살인 乙보다 1살 어리다.

15

정답 ④

① (X) 3문단에 따르면 범띠인 사람의 성질이 거칠다고 판단한거나 병오생인 사람이 성격이 거칠어서 다른 사람을 짓밟는다는 것은 미신에 불과하다.
② (X) 1문단에 따르면 병오생인 사람보다 한 살 많은 사람은 을사생, 한 살 어린 사람은 정미생이다.
③ (X) 2문단에 따르면 60간지는 원래 날짜를 세기 위하여 썼다고 알려져 있다.
④ (O) 기원전 1766에서 기원전 1123년에 걸친 상나라의 역대 왕의 이름에 10간의 글자로 된 이름이 많다. 따라서 이 시대에 이미 간지를 사용한 것으로 추측된다.
⑤ (X) 4문단에 따르면 오늘에도 일진을 보아서 좋은 날을 가려야 한다는 생각은 지배적이다.

16

정답 ③

간은 연도에 7을 더하고 10으로 나눈 나머지로 알 수 있으며, 지는 연도에 9를 더하고 12로 나눈 나머지로 알 수 있다. 따라서 1492년은 임자년이고 〈표〉를 통해 띠는 지에 따라 결정된다는 것을 알 수 있다. 따라서 자년의 띠는 쥐가 된다.
1492에서 60의 배수를 더한 값 중에서 〈표〉에 주어진 값과 가장 가까운 값을 찾는다. 1972년과 1492년은 10간 12지가 동일하므로, 1985년의 을축년에서 13년 전의 10간 12지를 도출하는 방법도 고민해볼 수 있다.

17

정답 ④

1번 학생이 100번째 가로등에 도착했을 때, 76번째 가로등에는 25번 학생이 도착하여 가로등을 켜거나 끈다. 76의 약수는 1, 2, 4, 19, 38, 76이고 25보다 작은 것은 4개이므로 가로등은 꺼져 있다.
100의 약수인 1, 2, 4, 5번 학생은 매 바퀴를 돌 때마다 같은 가로등을 조작하므로 두 바퀴 돌면 모든 가로등이 꺼져 있다. 3, 6번 학생은 300의 약수이므로 3바퀴를 돌 때마다 같은 가로등을 조작한다. 6바퀴 돌면 모든 가로등을 끄게 된다. 마찬가지로 7번 학생은 700의 약수이므로 14바퀴를 돌면 자신이 조작한 전구를 모두 끄게 된다. 따라서 2, 6, 14의 최소공배수인 42바퀴를 돌 때 모든 전구는 꺼져 있다.

18

정답 ②

우선, 甲이 8번째 칸에 있을 수 있는 칸을 선지를 통해 먼저 확인한다. ④번과 ⑤번의 경우 모두 8번째 칸 보다 높은 곳에 있게 되고, ③번의 경우 7번째 칸에 있게 된다.
①번의 경우와 ②번의 경우는 모두 甲이 게임이 끝난 후 8번째 칸에 있게 된다. 그러나 ①번의 상황은 甲이 연승을 통해 11번째 칸에서 연패 후 8번째 칸으로 가게 되고, 乙은 2+3칸 이동하여 5번째 칸에 있게 되어 게임의 결과를 만족하지 못한다. 따라서 ②번의 경우와 같이 甲이 3연승 후 8번째 칸에서 乙에게 패배하여 7번째 칸으로 이동 후 다시 승리하여 8번째 칸에 9번째 칸에 서게 되고 마지막에 乙이 승리하여 최종적으로 8번째 칸에 온다. 乙은 4번째 게임에서 승리하여 2번째 칸에 있다 다음 게임에서 패배하여 1번째 칸으로 내려간 다음 마지막에 승리하여 3번째 칸에 서게 된다.

19

정답 ③

- 맨 처음 진행자가 부른 숫자는 99이다.
  → 정중앙에 있는 칸은 지워져야 한다. 모든 선지가 충족한다.
- 甲은 숫자 10개를 지웠다.
  → 甲은 10개의 칸을 지워야 한다. 모든 선지가 충족한다.
- 세로로 한 줄이 "아까비" 상태이다.
  → 세로로 한 줄만이 4개만 지워져야 한다. ①은 이를 충족하지 못한다.
- 대각선으로 한 줄이 "아까비" 상태이다.
  → 대각선으로 한 줄이 4개만 지워져야 한다. ⑤는 이를 충족하지 못한다.
- 일의 자리가 0인 숫자는 지워진 것이 없다.
  → 일의 자리가 0인 숫자는 지워지지 않아야 한다. ②는 이를 충족하지 못한다.
- 일의 자리가 2인 숫자는 딱 1개 지워졌다.
  → 일의 자리가 2인 숫자는 1개만 지워져야 한다. ④는 이를 충족하지 못한다.

이후 ③은 모든 진술을 충족함을 확인할 수 있다.

20 정답 ③

• 수요일에 만든 모자는 9개이다.
• 목요일에 만든 모자의 개수는 수요일보다 1개 더 적다.
→ 수요일에 만든 모자는 9개이므로, 5번째 조건에 따라 목요일에 만든 모자는 8개이다.

요일	월	화	수	목	금	토
모자 개수			9	8		

• 목요일부터 토요일까지 만든 모자의 개수는 모두 15개이다.
→ 금요일과 토요일에 만든 모자는 총 7개이다.

요일	월	화	수	목	금	토
모자 개수			9	8		

• 총 모자의 개수는 31개이다.
• 하루에 모자를 가장 많이 만든 날은 9개 만들었으며, 월요일부터 토요일까지 매일 만든 모자의 개수는 모두 달랐다.
• 화요일에 만든 모자의 개수는 금요일에 만든 모자의 개수의 절반이다.
→ 각 요일마다 모자의 개수가 다르면서 금요일에 만든 모자의 개수를 짝수가 되도록 해야 한다. 이 경우 금요일에 2개, 4개, 6개를 만드는 3가지 경우의 수가 나온다. 목요일부터 토요일까지 만든 모자의 개수는 모두 15개여야 하므로 금요일에 2개를 만드는 경우, 토요일은 5개가 되고 화요일은 1개가 되어야 한다. 이 때 총 모자 수가 31개이므로 월요일은 6개가 된다. 금요일에 4개를 만드는 경우, 토요일은 3개가 된다. 이 경우 화요일은 2개가 되고, 총 모자수가 31개이므로 월요일은 5개가 된다. 금요일에 6개를 만드는 경우, 토요일은 1개가 된다. 이 경우 화요일은 3개가 되고, 총 모자수가 31개이므로 월요일은 4개가 된다.

요일	월	화	수	목	금	토
모자 개수	6	1	9	8	2	5
	5	2			4	3
	4	3			6	1

• 월요일과 토요일에 만든 모자의 개수를 더하면 10개 이상이다.
→ 이 조건을 충족하는 경우는 금요일에 2개를 만드는 경우밖에 없다. 따라서 甲이 월요일에 만든 모자의 개수는 6개이다.

요일	월	화	수	목	금	토
모자 개수	6	1	9	8	2	5

21 정답 ①

	甲	乙	丙	丁
1번	×	×	○	×
2번	○	×	○	○
3번	×	×	×	○
4번	×	○	×	×
5번	○	×	×	○
6번	○	×	○	○
7번	×	×	○	○
8번	×	×	×	○
9번	×	○	○	×
10번	○	×	×	○
맞은 문제 수	9	6	6	3

甲과 乙을 기준으로 문제를 해결해본다.

	1번	2번	3번	4번	5번	6번	7번	8번	9번	10번
甲	×	○	×	×	○	○	×	×	×	○
乙	×	×	×	○	×	×	×	×	○	×

만일 서로 답이 다른 문제 6개와 甲과 乙이 틀린 문제의 합이 같으면 1번, 3번. 7번. 8번은 모두 ×가 정답이다. 그러나 실제로 甲과 乙이 틀린 문제의 합은 1+7=8문제이므로 결국 둘 다 틀린 문제가 1번, 3번, 7번, 8번 중에 있다는 이야기이며 나머지 2번, 4번, 5번, 6번, 9번, 10번은 甲이 다 맞고 乙이 다 틀렸다는 이야기가 된다. 정답은 아래와 같이 확정된다.

	1번	2번	3번	4번	5번	6번	7번	8번	9번	10번
정답		○		×	○	○			×	○

이제 1번, 3번, 7번. 8번의 답 중 하나가 ○이므로 이 경우의 수로 丙, 丁을 비교한다.

	1번	2번	3번	4번	5번	6번	7번	8번	9번	10번
정답		○		×	○	○			×	○
丙	○	○	×	×	×	○	○	×	○	×
丁	×	○	○	×	○	○	○	○	×	○

문제에서 丙, 丁은 6문제를 맞춰 공동 2등이라고 했다. 그런데 丁은 정답이 밝혀진 6문항의 답은 모두 맞았으므로 나머지 문제를 모두 틀린 것이다. 따라서 정답은 다음과 같이 확정되며 이 경우 丙도 조건을 만족한다.

	1번	2번	3번	4번	5번	6번	7번	8번	9번	10번
정답	○	○	×	×	○	○	×	×	×	○
丙	○	○	×	×	×	○	○	×	○	×
丁	×	○	○	×	○	○	○	○	×	○

따라서 주어진 상황을 만족시키는 모든 문항의 정답은 아래와 같다.

1번	2번	3번	4번	5번	6번	7번	8번	9번	10번
○	○	×	×	○	○	×	×	×	○

22 정답 ④

ㄱ. (×) 3문단에 따르면 슌쯔는 (6만, 7만, 8만) (7만, 8만, 9만) 2개이다. 커쯔는 (8만, 8만, 8만)으로 1개이다. 따라서 총 3개이다.
ㄴ. (○) 2문단에 따르면 수패는 7개, 3문단에 따르면자패는 7개로 총 34개이다. 요구패는 자패 7개와 1, 9가 제시된 수패 총 6개의 합인 13개이다. 따라서 3분의 1 이상이다.
ㄷ. (○) 3문단에 따르면 같은 종류의 패가 2장씩 7쌍 있는 조합은 또이쯔만 7개를 모은 치또이가 되어 역으로 인정된다.

23 정답 ④

모든 사람의 말을 참으로 두고, 오늘로 대화의 기준을 통일해서 정리한다.
A : 월요일
B : 수요일
C : 화요일
D : 목, 금, 토, 일요일
E : 금요일
F : 수요일

G : 월, 화, 수, 목, 금, 토요일
두 사람만이 참말을 하는 요일은
월요일(A, G), 화요일(C, G), 목요일(D, G), 토요일(D, G)

24

정답 ①

방식별 업체들의 순위는 다음과 같다. 己는 순위 산정에서 제외된다.
방식(1) 乙-丁-丙-甲-戊

업체명	위원 평가점수					총점
	가	나	다	라	마	
甲	80	65	65	70	80	360
乙	95	65	70	70	65	365
丙	65	80	65	65	85	360
丁	75	70	70	80	70	365
戊	75	65	70	75	75	360
己	70	80	60	65	80	

乙과 丁 중에서 최고점수가 더 높은 乙이 1위, 丁이 2위가 된다. 甲과 丙과 戊 중에서 최고점수가 높은 순으로 丙이 3위, 甲이 4위, 戊가 5위가 된다.
방식(2) 戊-甲-丁-丙-乙

업체명	위원 평가점수					총점
	가	나	다	라	마	
甲	80	65	65	70	80	215
乙	95	65	70	70	65	205
丙	65	80	65	65	85	210
丁	75	70	70	80	70	215
戊	75	65	70	75	75	220
己	70	80	60	65	80	

戊가 1위가 된다. 甲, 丁 중에서는 최고점수가 더 높은 甲이 2위, 丁이 3위. 丙이 4위, 乙이 5위가 된다.
ㄱ. (X) 甲은 방식(1)로 산정된 순위는 4위, 방식(2)로 산정된 순위는 2위이다. 방식 (2)로 산정된 순위가 더 높다.
ㄴ. (O) 방식(1)로 산정된 순위보다 방식(2)로 산정된 순위가 낮은 업체는 乙, 丁, 丙 3개이다.
ㄷ. (X) 모든 업체의 순위가 변화하였다.

25

정답 ③

먼저 홀서빙 아르바이트생의 점수는 다음과 같다.

지원자	요일 점수	거주지 점수	총합
A	3	5	8
B	5	3	8
C	4	4	8
D	5	1	6
E	4	2	6

A, B, C가 동점이다. 그런데 A의 경우 필수 근무 요일인 수요일에 근무가 불가하므로 고용될 수 없다. 남은 지원자인 B와 C는 모두 경력이 있으므로 성별을 우선하는 기준에 따라 여성인 C가 고용된다.

다음 주방 아르바이트생의 점수는 다음과 같다.

지원자	경력 점수	거주지 점수	총합
a	4	-1	3
b	0	0	0
c	0	0	0
d	5	-1	4
e	3	0	3

d가 최고점자이지만 d는 필수 근무요일인 토요일에 근무가 불가하므로 고용될 수 없다. 그 다음 차점자인 a와 e는 근무 가능 요일 수가 주6일로 동일하므로 성별을 우선하는 기준에 따라 남성인 a가 고용된다.

26

정답 ②

한강이 보이는 사무실은 1인실이고, 한강이 보이는 사무실은 각 층에 1개씩 F와 D가 사용한다. 그런데 2층에는 A와 F가 사용한다고 했으므로 F가 2층 1인실을, D가 1층 1인실을 사용한다.
A와 F가 2층 사무실을 사용한다고 했는데 F가 1인실을 사용하므로 A는 F와 다른 또하나의 2층 사무실을 사용한다. 2층에는 사무실이 2개이므로 같은 사무실을 사용하는 B와 G는 1층 사무실을 사용한다. C와 E가 같은 층이 아니라고 했으므로 A는 2층의 2인실에서 C또는 E 중 한 사람과 같은 사무실을 사용하게 되고, A와 같은 사무실을 사용하지 않는 나머지 한 사람이 1층의 1인실 또는 2인실을 혼자 사용하게 된다. 따라서 1층 사무실은 총 4명이 사용한다.

27

정답 ⑤

문자판에서 G는 하나뿐이므로 반드시 칠해야 한다. G에서부터 거꾸로 NIRPS를 칠할 칸을 선택하면 된다. 이때 문자판이 좌우대칭으로 쓰여 있으므로 G부터 세로 방향의 칸을 몇 칸 선택해서 색칠할 지에 따라 경우의 수를 나누어보면 다음과 같다.
1) 세로 방향으로 G만 칠하는 경우 ⇨ 2×2×2×2×2=32가지
2) 세로 방향으로 G, N까지 칠하는 경우 ⇨ 2×2×2×2=16가지
3) 세로 방향으로 G, N, I까지 칠하는 경우 ⇨ 2×2×2=8가지
4) 세로 방향으로 G, N, I, R까지 칠하는 경우 ⇨ 2×2=4가지
5) 세로 방향으로 G, N, I, R, P까지 칠하는 경우 ⇨ 2가지
6) 세로 방향으로 G, N, I, R, P, S 모두 칠하는 경우 ⇨ 1가지
총 63가지이다.

28

정답 ④

위의 그림과 같이 타일 칸에 번갈아 색칠르 해본다. A부터 F의 퍼즐 조각이 빠짐없이 이 바닥에 채워졌다고 가정하면, B, C, E, F 각각은 네 칸 중 정확히 두 칸이 바닥의 흰색 부분에 채워지고 나머지 두 칸이 회색 부분에

채워지게 된다. 반면, D는 세 칸이 바닥의 같은 색 칸에 채워지고 나머지 한 칸이 이와는 다른 색 칸에 채워지게 된다.
그런데 바닥 전체에 회색 칠이 된 타일이 총 11개이고, 흰색 칠이 된 타일이 총 10개이므로 D의 세 칸은 회색 칠이 된 칸에 채워져야 하며, A는 흰색 칠이 된 칸에 채워져야만 한다. 따라서 2, 4분이 가능한데 만일 2에 A가 채워진다면 1은 어떤 타일 조각으로도 채워질 수 없으므로 A는 결국 4에 채워져야 한다.
실제로 채워지는 경우는 다음과 같다.

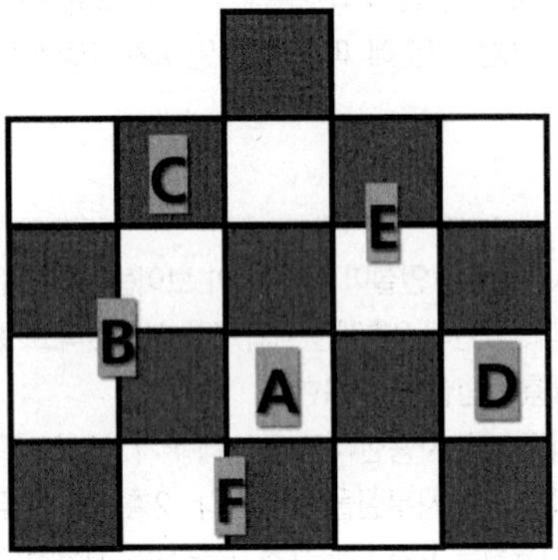

29

정답 ③

총 3번의 출력을 거쳐 도출된 결과가 7이다. 역으로 출력과정을 거치면 2를 나누어 7이 출력되기 위해서는 이전 숫자가 14가 되어야 한다. (3보다 큰 숫자가 7이려면 이전 숫자가 4여야 하는데, 4는 짝수이기 때문에 3보다 큰 숫자를 출력하는 과정을 거치지 않는다)
14가 출력되기 위해서는 이전 숫자가 11 또는 28이어야 한다. 14 이전 숫자가 11이었을 경우 그 이전 숫자는 그 두 배인 22만 가능하다. (3보다 큰 숫자가 11이려면 이전 숫자가 8이어야 하는데, 8은 홀수가 아니기 때문에 불가능하다) 14 이전 숫자가 28이었을 경우 25 또는 56이 가능하다.
따라서 ⓐ로 가능한 숫자는 22, 25, 56 세 가지이다.

30

정답 ③

각각 알파벳에 해당되는 수는 다음과 같다.
E, F, I, N, O, R, S, T, X, Y
5, 2, 1, 0, 9, 7, 3, 8, 4, 6

294 + 653 = 947 (O X R)

31

정답 ⑤

먼저 주어진 날짜의 타석, 타수, 안타, 볼넷을 정리한다.

	타석	타수	안타	볼넷
8월 10일	5	4	4	1
8월 9일				
8월 8일				
8월 7일	4	4	1	0
8월 6일	5	4	2	1
8월 5일	4	3	2	1
8월 4일	4	3	1	1

ㄱ. (O) 타율이 가장 높기 위해서는 최대한 안타를 많이 기록해야 하는데, 각 타석에서 모두 안타를 기록할 수 없으니 한 경기에 볼넷을 1번 기록하면 최대 4개의 안타(4타수 4안타)를 기록할 수 있다. 8월 8일과 9일에 각각 4타수 4안타를 기록했다면 A의 8월 4일~10일 동안 26타수 18안타를 기록하여 타율의 최댓값은 0.692가 된다.
ㄴ. (O) 타율이 가장 낮기 위해서는 안타를 적게 기록해야 한다. 한 경기에 볼넷 1개와 삼진 4개(4타수 0안타)를 기록하면 타율의 최솟값을 구할 수 있다. 8월 8일과 9일에 각각 5타수 1안타를 기록했다면 같은 기간 동안 26타수 10안타를 기록하여 타율은 0.384가 된다.
ㄷ. (O) 출루율이 가장 낮아지려면 삼진을 많이 기록해야 하고 모든 타석에서 같은 결과를 낼 수 없으니 하루 최대 4개의 삼진을 기록할 수 있다. 하루에 삼진 4개를 기록해도 출루율은 [안타+볼넷(이하 출루라고 한다)] / 타석으로 계산하므로 안타를 0개 기록한 다음 날 1개를 기록하고, 안타를 1개 기록한 다음 날 0개를 기록하여 안타 개수가 0개, 1개가 반복된다고 가정하여도 최소 5타석 1출루를 하게 된다.

32

정답 ③

A가 들은 숫자가 1이라면, 두 수가 연속된 자연수라는 것을 알고있으므로 B가 들은 숫자가 2라는 것을 바로 추론할 수 있다. 반면 A가 들은 숫자가 2라면, B가 들은 숫자는 1또는 3일 수 있으므로 A는 B의 숫자를 알 수 없다. 이러한 내용은 2이상의 모든 자연수에 해당한다.
B가 들은 숫자 역시 같은 이유로 1이 될 수는 없다. 그러나 이때는 2도 될 수 없다. 만약 그 수가 2라면, A의 숫자는 1이나 3일 수 밖에 없을 것이다. 그러나 A의 말을 듣고 대답하는 B는 A의 숫자가 1이 아니라는 것을 알고 있으므로 3이라는 것을 확실히 알 수 있을 것이다. 따라서 들은 수를 모른다고 대답하지 않을 것이다. 따라서 B가 들은 숫자는 3이상의 자연수가 된다.
따라서 A가 들은 숫자는 2, 3, 4, 5, …이고 B가 들은 숫자는 3, 4, 5, 6, …인데 두 번째 대화에서 바로 서로 들은 수를 알겠다고 말하고 있다. 만약 A가 들은 숫자가 2라면, 乙의 숫자는 바로 3이라는 것을 알 수 있다. 만약 A가 들은 숫자가 3이라면 乙의 숫자는 4라는 것을 바로 알 수 있다. 4이상의 숫자라면 바로 알 수 있다고 대답할 수 없다.
따라서 (2, 3) (3, 4) 두 가지 경우가 모두 조건을 만족하므로 甲이 종이에 적은 것이 확실한 수는 3이다.

33

정답 ③

$N^2 = 10a + b$ (a : 문화상품권 개수, b : 케이크 가격)
이 때 제시문에서 둘이서 상품권을 반씩 나누려고 했으나 같은 수의 상품권을 나눠가지고도 1장이 남았다는 조건을 보고 a는 3이상의 홀수라는 것을 알 수 있다. 그리고 乙의 케이크가 상품권보다 값이 저렴하다는 표현을 봐서 $0 < b < 10$임을 알 수 있다.
이 때 N^2은 10의 자리 수 이상이므로 이를 만족하는 조합을 찾아보자.
a = 3, b = 6
a = 5 : N^2을 만족시킬만한 b를 구할 수 없음.
a = 7 : N^2을 만족시킬만한 b를 구할 수 없음.
a = 9 : N^2을 만족시킬만한 b를 구할 수 없음.
a = 11, b = 11 : $b < 10$이여야 하므로 성립하지 않음
a = 13 : N^2을 만족시킬만한 b를 구할 수 없음.
a = 15 : N^2을 만족시킬만한 b를 구할 수 없음.
a = 17 : N^2을 만족시킬만한 b를 구할 수 없음.
…
a = 25, b = 6일 때 N = 16으로 성립한다.

따라서 아버지에게 받은 전체 용돈은 256만원이며, 10만원짜리 상품권을 총 25장 구매하고 6만원짜리 케이크를 구매했음을 알 수 있다.
그러나 25장은 2로 나누어지지 않는 숫자이므로 한 사람은 10만원짜리 상품권 대신 6만원짜리 케이크를 가져간다. 이 경우 동일한 금액을 나눠가지게 되려면, 10만원짜리 상품권을 가져간 甲이 케이크를 가져간 乙에게 2만원을 주어야 한다.

34

정답 ③

'916'이라고 말했을 때 1스트라이크이면 세 가지 경우로 나눌 수 있다.

1) 세 자리 중 첫 번째 수가 9이고 나머지 자리에 1과 6이 쓰이지 않는 경우
2) 세 자리 중 두 번째 수가 1이고 나머지 자리에 6과 9가 쓰이지 않는 경우
3) 세 자리 중 세 번째 수가 6이고 나머지 자리에 1과 9가 쓰이지 않는 경우

ㄱ. (X) 乙이 '456'을 말했을 때도 1스트라이크이면 1), 2), 3) 모두 가능하여 '9 _ _', ' _ 1 _', '_ _ 6'의 세 가지 경우를 모두 생각해 보아야 한다. '9 _ _'일 경우 456에서 1스트라이크가 나왔다면 ' _ 5 _ '일 수 밖에 없어 '9 5 _'이 된다. 나머지 한 자리에는 2, 3, 7, 8 이 들어갈 수 있어 4가지 경우가 나온다. ' _ 1 _'일 경우도 동일하게 4가지 경우가 나온다. '_ _ 6'일 경우에는 나머지 두 자리 모두 틀렸기 때문에 2, 3, 7, 8로 나머지 두 자리를 채워야 하여 12가지 경우가 나온다. 총 경우의 수는 20가지이다.

ㄴ. (X) 乙이 '627'을 말했을 때 아웃이라면 2, 6, 7은 세 자리 숫자에 쓰이지 않았다. 또한, 1과 9 중 한 가지 숫자는 자리도 일치하고 나머지 숫자는 쓰이지 않았다. 9가 자리까지 일치하는 '9 _ _'의 경우에는 1도 쓰이지 않았으니 남은 숫자 3, 4, 5, 8으로 나머지 두 자리를 조합할 수 있는 경우의 수는 12가지이며 1이 자리까지 일치하는 '_ 1 _'의 경우 역시 같은 과정으로 12가지가 가능하여 총 24가지이다.

ㄷ. (O) '942'를 말했을 때 1볼이라고 알려주었다면 9는 사용되지 않았다. (9가 사용되었다면 '942'에서도 최소 1스트라이크는 나와야 하기 때문이다. 그래서 2)와 3)의 경우가 가능하며 2과 4 두 숫자 중 하나는 쓰이고 나머지 하나는 쓰이지 않았다. 2)의 경우 '_ 1 _'에서 나머지 자리에 4가 쓰였다면 '4 1 _' 또는 '_ 1 4'가 가능하며 2가 쓰였다면 '2 1 _'이 가능하다. 남은 한 자리에는 각각 4가지 숫자가 들어갈 수 있어 총 12가지 경우의 수가 가능하다. 3)의 경우도 동일하게 12가지 경우의 수가 나와 총 24가지의 경우가 가능하다.

35

정답 ③

선지에 제시된 수학 성적을 정리하면 다음과 같다.

	50점	60점	70점	80점	90점
①	乙	甲	戊	丁	丙
②	甲	乙	戊	丙	丁
③	丙	丁	戊	甲	乙
④	丁	戊	乙	丙	甲
⑤	戊	乙	丁	甲	丙

甲의 진술을 통해 乙과의 관계에서 乙이 자신보다 낮은 점수를 받았다면 甲은 진실을 말하고 있다. 따라서 선지 ①, ④, ⑤번의 경우 乙은 60점 이거나 70점 이어야 한다. 따라서 선지 ①번은 답이 될 수 없다.
甲의 진술을 통해 乙이 자신보다 높은 점수를 받았다면 甲은 거짓을 말하고 있다. 따라서 선지 ②, ③의 경우 乙은 60점 이거나 70점 이어서는 안된다. 따라서 선지 ②번은 답이 될 수 없다.
丙의 진술을 통해 丁과의 관계에서 丁이 자신보다 낮은 점수를 받았다면 丙은 진실을 말하고 있다.
남아 있는 선지 중 ④, ⑤번의 경우 丁은 80점 이거나 90점이어야 한다. 따라서 선지 ④, ⑤번은 답이 될 수 없다.
따라서 답은 ③번이다.

36

정답 ②

주어진 정보를 정리하면 다음과 같다.

	1	2	3	4	5	6	7	8	9	10	11	12	13
甲	×	△											○
乙	△	○											×
丙	○	×	△	×	△	×	△	×	△	×	△	×	△

ㄱ. (○) 2 번째 경기 결과 乙 이 승리하였다.

ㄴ, ㄷ. (×) 乙은 총 9번, 丙은 총 1번 승리하였으므로 甲은 총 3번 승리하였다. 이 보기의 반례를 찾기 위해 甲이 최대 3경기 연속 승리할 수 있는지 알아보는 방법이 있다. 이 경우 11번째, 12번째 13번째 경기를 모두 승리했으면 된다. 모순이 존재하지 않으므로 甲은 최대 3경기 연속 승리할 수 있다. 이 경우에 乙은 9경기 연속으로 승리할 수 있다.

	1	2	3	4	5	6	7	8	9	10	11	12	13
甲	×	△	×	△	×	△	×	△	×	△	○	○	○
乙	△	○	○	○	○	○	○	○	○	○	×	△	×
丙	○	×	△	×	△	×	△	×	△	×	△	×	△

ㄹ. (○) 丙이 심판을 본 경기는 3, 5, 7, 9, 11, 13 이므로 다음 경기인 4, 6, 8, 10, 12를 확인하면 반드시 패배하였다.

37

정답 ②

甲이 1위인 경우와 5위인 경우로 나누어볼 수 있다.
甲이 1위인 경우, 병길의 예측에 따르면 丁은 2위가 될 수 없다. 따라서 3위 이하의 순위를 기록해야 한다. 그러나 동혁의 예측이 4위이므로, 3위와 4위, 5위 모두 불가능하므로 가능한 순위가 없다.
甲은 5위가 된다. 병길의 예측에 따르면 戊는 옳은 내용이라면 3위, 옳지 않은 내용이라면 1, 2, 4위 중 하나가 되어야 한다. 동혁의 예측에 따르면 1, 2, 3위는 될 수 없으므로 戊는 4위이다. 이로인해 병길의 예측이 옳은 사람은 丁임을 알 수 있다. 따라서 丁은 2위이다. 마지막으로 乙이 3위, 丙이 1위가 된다.

1위	2위	3위	4위	5위
丙	丁	乙	戊	甲

38

정답 ②

ㄱ. (O) 을사년이다.
ㄴ. (X) 신미년이다.
ㄷ. (X) 2010년이 경인년이므로, 경인년은 20—년대에 2010년과 2070년 총 2번 있다.
ㄹ. (O) 1592년 – 1884년까지는 292년이다.

39

정답 ④

1) 10문제 중 3명이 동시에 틀린 문제가 없으므로, 3명의 답이 동일한 문제는 3명이 모두 맞춘 문제이다. 따라서 2번, 5번, 8번, 10번은 모두 맞는 문제이다.
2) 민석의 점수가 40점이고, 민석이 2번, 5번, 8번, 10번을 맞추었으므로 나머지 문제는 민석이 모두 틀렸다.
3) 민석의 답지를 바탕으로 문항별 정답은 다음과 같다.

	1	2	3	4	5	6	7	8	9	10
답	×	○	○	×	×	○	×	×	×	○

민석의 답지를 바탕으로 문항별 정답을 도출한 다음, 문항별 점수를 확인하면 다음과 같다.

	1	2	3	4	5	6	7	8	9	10	점수
①	○	○	○	×	○	×	×	○	×	○	60
②	○	○	×	×	○	○	×	○	○	○	70
③	×	○	×	○	○	×	×	○	×	○	50
④	×	○	○	×	○	○	×	○	×	○	60
⑤	×	○	○	○	○	×	×	○	○	○	70

이때 1번의 경우 6번 문제를 태현, 민석, 원일이 모두 틀리게 되므로 조건에 따라 불가능하다. 따라서 원일이 60점으로 가능한 선지는 ④번이다.

40

정답 ③

丁의 두 번째 진술과 戊의 진술은 동일하다. 따라서 이 진술이 참인 경우와 거짓인 경우를 나누어서 확인해본다.

1) 戊가 사과를 훔친 범인이 아닌 경우
   丁의 진술과 戊의 진술은 참이 된다.
   乙의 진술이 참이라면 甲의 진술은 거짓, 丙의 진술은 참이 된다. 반대로 乙의 진술이 거짓이라면 甲의 진술은 참, 丙의 진술은 거짓이 된다.
   따라서 2명이 거짓을 말하고 3명이 참을 말하는 경우는 甲, 丁, 戊의 진술이 거짓, 乙, 丙의 진술이 참인 경우에 해당한다.
   이 경우 사과를 훔친 범인은 丙이 된다.
2) 戊가 사과를 훔친 범인인 경우
   丁의 진술과 戊의 진술은 거짓이 된다.
   乙의 진술이 참이라면 甲의 진술은 거짓, 丙의 진술은 참이 된다. 반대로 乙의 진술이 거짓이라면 甲의 진술은 참, 丙의 진술은 거짓이 된다.
   따라서 2명이 거짓을 말하고 3명이 참을 말하는 경우는 불가능하다.

41

정답 ④

12개의 계단을 올라가는 방법은 총 7가지 방법이 있다. 2칸씩 6번 올라가는 경우, 2칸씩 5번, 4번, 3번, 2번, 1번, 0번 올라가는 경우이다(단, 나머지는 1칸씩 올라간다). 이중 2칸씩 6번을 올라가는 경우를 제외한 나머지의 방법에서 남은 계단을 1칸씩 올라간다고 하면 12칸을 모두 올라갈 수 있다.

- 2칸씩 6번 올라가는 경우 : ${}_{6}C_{6}=1$
- 2칸씩 5번 올라가는 경우 : ${}_{7}C_{5}=21$
- 2칸씩 4번 올라가는 경우 : ${}_{8}C_{4}=70$
- 2칸씩 3번 올라가는 경우 : ${}_{9}C_{3}=84$
- 2칸씩 2번 올라가는 경우 : ${}_{10}C_{2}=45$
- 2칸씩 1번 올라가는 경우 : ${}_{11}C_{1}=11$
- 2칸씩 0번 올라가는 경우 : ${}_{12}C_{0}=1$

42

정답 ①

참말만을 하는 학생은 하나의 질문에 '그렇다'고 대답하고, 나머지 질문에는 '아니다'라고 대답했을 것이다. 반면 거짓말만을 하는 학생은 하나의 질문에 '아니다'라고 대답하고, 나머지 질문에는 '그렇다'라고 대답했을 것이다. 따라서 참말만을 하는 학생을 X명, 거짓말만을 하는 학생을 Y명이라고 하는 경우 모든 '그렇다'는 대답의 합은 X + 3Y와 같다. 따라서 X+3Y=350, X+Y=250이므로 이를 연립하면 Y=50이다.

43

정답 ⑤

1. 베이커은행 강도 사건
㉠을 밝히기 위해서 다음과 같이 조건을 정리한다.

- 이번 사건에는 A, B, C 이외에 다른 관련자는 없으며 이들 가운데 적어도 한 사람은 범인이다.
- C는 결코 단독 범행은 하지 않는다.
- A와 C는 결코 함께 범행을 하지는 않는다.

→ C는 B와 함께 범행을 저지르거나 혹은 범행을 저지르지 않는다.

사람	A	B	C
범행여부	×	○	○
			×

- A가 범인이고 B가 결백하다면, C는 범인이다.

→ C가 범인이 아니라면 A가 범인이 아니거나 B가 범인이여야 한다. 이때 범인은 반드시 존재하므로 다음과 같이 경우의 수로 나눠진다.

사람	A	B	C
범행여부	×	○	○
	×	○	×
	○	○	

① (○) B는 어느 경우라도 범행을 저질렀으므로 ㉠에 들어갈 내용은 'B'이다.
② (○) 베이커은행 강도 사건에서 A가 범인이라면 B도 범인이다.

2. 박물관 명화 도난 사건
㉡을 밝히기 위해서 다음과 같이 조건을 정리한다.

- 이번 사건에는 E, F, G, H 이외에 다른 관련자는 없으며 이들 가운데 적어도 한 사람은 범인이다.
- E는 결백하다.

사람	D	E	F	G
범행여부		×		

- F가 범인이라면, 그에게는 딱 한 명의 공범이 있다.

→ F가 범인이라면 D나 G 중 한 명만 공범이다.

사람	D	E	F	G
범행여부	○	×	○	×
	×	×	○	○
	?	×	×	?

- G가 범인이라면, 그에게는 딱 두 명의 공범이 있다.

→ 위의 조건과 합쳐볼 때 G가 공범인 경우 범인이 3명이 되어야 하는데 불가능하다. 따라서 G는 범인이 아니게 된다, E가 범인이 아닌 고정 상태에서 만일 F가 범인이 아니라면 G도 범인이 아니므로 D가 범인이어야 한다.

사람	D	E	F	G
범행여부	○	×	○	×
	○	×	×	×

③ (○) G는 어느 경우에도 범인이 아니므로 박물관 명화 도난 사건에서 F가 범인이라면 G는 범인이 아니다.

④ (○) 박물관 명화 도난 사건에서 F가 결백하다면, 범인은 D이다.

⑤ (×) E는 결백하며, F가 범인이라면 공범은 1명 있는데 그 공범은 E나 G가 아니라는 것을 알 수 있다. 따라서 이 경우 F와 H가 범인이다. 또한 F가 범인이 아니고, G도 범인이 아닌 경우에도 남아있는 용의자 H는 범인이다. 따라서 H는 어떠한 경우에도 범인이다.

44

정답 ③

13부터 47까지 연속하는 35개의 자연수를 5로 나눈 나머지로 구분하여 본다.

1) 5로 나눈 나머지가 0인 경우 : 5권 크기의 상자만을 사용하여 가지고 있는 책을 모두 담을 수 있는 만화책 종은 권수가 5의 배수인 15, 20, 25, 30, 35, 40, 45 7종이 된다. 3권 크기의 상자는 0개 필요하다.
2) 5로 나눈 나머지가 3인 종 : 13, 18. 23, 28, 33, 38, 43 7종은 3권크기의 상자가 각 1개 필요하므로 총 7개 필요하다.
3) 5로 나눈 나머지가 4인 종 : 14, 19, 24, 29, 34, 39, 44 7종은 5권 크기의 상자와 3권 크기의 상자를 함께 사용해야 한다. 5권 크기의 상자를 1개, 2개, 3개, 4개, 5개, 6개, 7개 사용하고 3권 크기의 상자를 각 3개씩 사용한다. 따라서 3권 크기의 상자는 총 21개 필요하다.
4) 5로 나눈 나머지가 2인 종 : 17, 22, 27, 32, 37, 42, 47 7종은 5권 크기의 상자를 1개, 2개, 3개, 4개, 5개, 6개, 7개 사용하고 3권 크기의 상자를 각 4개씩 사용한다. 따라서 3권 크기의 상자는 총 28개 필요하다.
5) 5로 나눈 나머지가 1인 종 : 16, 21, 26, 31, 36, 41, 46 7종은 5권 크기의 상자를 2개, 3개, 4개, 5개, 6개, 7개, 8개 사용하고 3권 크기의 상자를 각 2개씩 사용한다. 따라서 3권 크기의 상자는 총 14개 필요하다.

따라서 총 70개의 3권 크기의 상자가 필요하다.

45

정답 ①

ㄱ. (X) 각 국가에 정확히 24시간만 체류할 경우 甲은 총 체류에 72시간, 이동에 33시간 50분이 소요되므로 런던에 런던 시간 기준으로 11일 오후 7시 50분에 도착한다. 런던으로 돌아가는 비행기를 타는 것이 아니다.

ㄴ. (O) 각 국가에 정확히 24시간씩 체류하고 런던으로 돌아올 경우 4일하고 9시간 50분이 소요된다. 따라서 5일 동안 출장을 갈 수 있는 甲은 방콕에 최대로 24시간-9시간 50분=14시간 10분만큼 추가로 더 체류할 수 있다.

ㄷ. (X) 1월 7일 오전 10시 런던을 출발하면 런던 시간 기준 1월 7일 오후 2시 서울에 도착한다. 24시간 체류하면 1월 8일 오후 2시이며 서울 시간 기준으로 1월 8일 23시이다. 따라서 이 시간에 방콕으로 출발하는 것은 가능하다. 1월 8일 오후 11시 방콕으로 출발하면 방콕 도착시간은 서울 시간 기준 1월 9일 5시 30분이다. 따라서 방콕 시간 기준 1월 9일 3시 30분이다.

46

정답 ④

1992를 20진법으로 표기하기 위해서는 아래와 같은 작업이 필요하다.

$(20^2 \times 4) + (20^1 \times 19) + (20^0 \times 12) = 1992$

따라서 위에서부터 4, 19, 12 순서대로 놓여있는 4번이 답이 된다.

47

정답 ④

• A의 나이는 19세이고, 바로 아래층에 사는 사람은 대구 출신인 (가)이다.

	A		19
	(가)	대구	

• D의 한 층 위에 사는 사람은 (나)이고, 나이는 22세이며, 그 위에 사는 사람은 부산 출신인 (다)이다.

	(다)	부산	
	(나)		22
	D		

• 21세의 (라)의 한 층 아래에 사는 사람은 광주 출신인 B이다.

	(라)		21
	B	광주	

가능한 경우를 확인해보기 위해서는 총 3개의 층과 관련된 내용을 담고 있는 2번째 조건부터 접근을 시작해본다.

1. D가 1층 거주하는 경우

4층			
3층	(다)	부산	
2층	(나)		22
1층	D		

이때 3번째 조건을 대입하면, B의 위치로 가능한 곳은 2층뿐이다.

4층			
3층	(다) = (라)	부산	21
2층	B	광주	22
1층	D		

이때 1번째 조건은 대입할 수 있는 자리가 없다.
따라서 이 경우는 불가능하다.

2. D가 2층 거주하는 경우

4층	(다)	부산	
3층	(나)		22
2층	D		
1층			

이때 1번째 조건을 대입하면, A의 위치로 가능한 곳은 (다)뿐이다.

4층	A	부산	19
3층	(나) = (가)	대구	22
2층	D = (라)		21
1층	B	광주	

이때 3번째 조건을 대입하면 B의 위치로 가능한 곳은 1층뿐이다.
확인된 정보를 토대로 표의 나머지 부분을 모두 채우면 아래와 같다.

층	이름	지역	나이
4층	A	부산	19
3층	C	대구	22
2층	D	서울	21
1층	B	광주	20

ㄱ, ㄴ, ㄹ. (○)

ㄷ. (×) 부산에 사는 A는 19살이므로 대구에 사는 22살 C보다 나이가 어리다.

48

정답 ④

1월 네 번째 금요일까지는 매주 화요일 오전, 목요일 오전, 토요일 오후, 일요일 오전에 스터디가 가능하다.

이중에서 스터디룸 예약이 불가능한 23일부터 27일을 제외하고, 甲의 헌법 스터디가 끝나는 마지막 주 30일의 오전 스터디를 포함하면 총 스터디 가능한 횟수는 17회이다.

월	화	수	목	금	토	일
						1
2	3	4	5	6	7	8
9	10	11	12	13	14	15
16	17	18	19	20	21	22
~~23~~	~~24~~	~~25~~	~~26~~	~~27~~	28	29
30	31					

49

정답 ⑤

365에서 ABC를 뺐을 때 같은 수가 3개 나올 수 있는 경우는 다음과 같다.

365-ABC=111

A=2, B=5, C=4

365-ABC=222

A=1, B=4, C=3

365-ABC=333

A=0, B=3, C=2

이 중에서 A+B+C가 11이 되는 경우는 첫 번째 경우뿐이다. 따라서 A사건이 발생한 날은 254번째 날이다. A사건은 9.11테러로, 9+11=20이다.

50

정답 ⑤

A	B	C	D	E	F	G	H	I	J
1	2	3	4	5	6	7	8	9	10
K	L	M	N	O	P	Q	R	S	T
11	12	13	14	15	16	17	18	19	20
U	V	W	X	Y	Z				
21	22	23	24	25	26				

가영이의 로봇의 체크숫자를 제외한 코드는 2201BRCCN이다. B = 2, R = 18, C = 3, N = 14이므로 일렬로 나열하면 22012183314이다. 한 자리씩 모두 더하면 2 + 2 + 0 + 1 + 2 + 1 + 8 + 3 + 3 + 1 + 4 = 27이다.

나리의 로봇의 체크숫자를 제외한 코드는 2112WRBSY이다. W = 23, R = 18, B = 2, S = 19, Y = 25이므로 일렬로 나열하면 2112231821925이다. 한 자리씩 모두 더하면 2 + 1 + 1 + 2 + 2 + 3 + 1 + 8 + 2 + 1 + 9 + 2 + 5 = 39이다.

따라서 나리의 체크숫자가 12만큼 더 크다.

51

정답 ①

ㄱ. (○) 10칸을 이동해야 하고 적어도 한 번 꺾어야 하므로 최소 11초가 소요된다.

ㄴ. (×) 10칸을 이동해야 하고 5번 방향을 전환하므로 최소 15초가 소요된다.

ㄷ. (×) 가능한 경우는 36개보다 많다. 정확히 말해서 계산을 할 때 $2\times{}_4C_2\times{}_4C_2=72$개이다. 가로의 점 2개, 세로의 점 2개를 선택하면 개미가 최소한의 시간으로 5번 방향을 전환하는 경로를 도출할 수 있기 때문이다.

52

정답 ①

① (○) 우선 접수연도를 살펴보면 乙이 일주일만 늦었어도 2023년이 되어서야 판결이 났을 것이라고 한 것으로 보아 대화가 이루어지는 해는 2022년이다. 甲이 재판을 작년에 접수하였다고 하였으므로 2021년에 접수한 것이다. 다음으로 甲은 민사법원에 사건을 접수했다고 하였고, 일부승소로 상고(3심)를 제기할 계획이라고 했기 때문에 최근에 2심(항소심) 판결을 받은 것을 알 수 있다. 따라서 사건부호는 '나'이다. 甲이 이전소송과 다르게 판사가 1명 들어왔다고 하였으므로 단독재판임을 알 수 있으나, 단독재판인지 합의재판인지 여부는 1심에서만 의미가 있기 때문에 2심에서는 '단'자를 표기하지 않는다. 따라서 甲이 최근에 판결을 받은 사건번호는 '2021나'가 부여될 것이다.

② (×) 2심에서는 단독재판인지 합의재판인지 여부를 표기하지 않기 때문에 틀린 선지이다.

③ (×) 甲의 1심 재판의 사건번호로는 가능하지만 문제는 최근 판결을 받은 재판의 사건번호를 물었기 때문에 틀린 선지이다.

④ (×) 접수연도와 사건부호가 틀린 선지이다.

⑤ (×) 접수연도와 사건부호가 틀린 선지이다.

53

정답 ②

조건을 정리하면 다음과 같다.

- 乙과 丙의 카드는 동일하다.
- 甲과 丙의 카드만 비교한다면, 丙은 甲에게 이긴다.

甲	乙	丙	丁	戊
◉	◈	◈		
▣	◉	◉		
◈	▣	▣		

- 丙과 戊는 ◈ 또는 ▣ 카드를 가졌다.
- 戊와 丁의 카드만 비교한다면, 戊는 丁에게 이긴다.
- ▣ 카드를 낸 사람이 한 사람 또는 두 사람인 경우는 없다.

甲	乙	丙	丁	戊
◉	◈	◈	◉	◈
~~▣~~	~~◉~~	~~◉~~		
◈	▣	▣	◈	▣

- ◈ ◉ ▣ 카드가 동시에 나온 경우, 저녁값은 丁이 모두 낸다.

① (○) 丙과 戊의 카드는 어떤 경우라도 동일하다.

② (×) ◈ ◉ ▣이 동시에 나오는 경우가 없으므로 저녁 값은 丁이 혼자

모두 내는 경우는 없다.
③ (○) 戊는 어떤 경우라도 모두 이기기 때문에 혼자 저녁 값을 모두 내지 않는다.
④ (○) ■ 카드를 가진 사람들은 모두 이기기 때문에 저녁 값을 내지 않는다.
⑤ (○) ◈ 카드를 가진 사람들은 모두 이기기 때문에 저녁 값을 내지 않는다.

54

정답 ④

ㄱ. (○) 2022년은 다시 A국의 1조에 지출된 이름인 '가'부터 시작하며 자연재해는 매년 최대 10번 발생하므로 12번째 자리에 위치한 '사'가 붙여지는 경우는 없다.
ㄴ. (×) 2020년까지 매년 동일한 횟수의 자연재해가 발생하였더라도, 그 횟수가 몇 번인지에 따라 각 국이 제출한 이름이 쓰이는 빈도도 달라진다.
ㄷ. (○) 3년 단위로 다시 A국의 1조 '가'부터 다시 시작한다. 따라서 직전 3년의 자연재해가 총 21번 일어나서 '가'로 끝났다면, 그 다음해의 자연재해의 이름은 '가'부터 시작할 수 있기 때문이다.
ㄹ. (○) 매 3년마다 최대로 붙여질 수 있는 '나'는 2번이므로 2001년부터 2015년까지는 최대 10번까지 붙여질 수 있다.

55

정답 ③

A의 색깔을 기준으로 판단한다.
1) A가 빨간색인 경우

A	B	C	D
빨			

B/D와 C는 각각 초록색, 파란색 중 각각 다른 색깔이어야 하므로 2가지 경우의 수를 만족한다.

A	B	C	D
빨	노		

C와 D는 각각 초록색, 파란색 중 각각 다른 색깔이어야 하므로 2가지 경우의 수를 만족한다.

A	B	C	D
빨		노	

B와 D는 각각 초록색, 파란색 중 어느 색깔이든지 관계없으므로 4가지 경우의 수를 만족한다.

A	B	C	D
빨			노

B와 C는 각각 초록색, 파란색 중 각각 다른 색깔이어야 하므로 2가지 경우의 수를 만족한다.
∴ A가 빨간색인 경우 총 10가지를 만족한다.
2) A가 노란색인 경우
A가 빨간색인 경우와 구조가 동일하므로 총 10가지이다.
3) A가 초록색인 경우
(1) 1가지만 쓸 수 있는 색깔이 빨간색만 있는 경우

A	B	C	D
초	빨		

C와 D는 각각 초록색, 파란색 중 각각 다른 색깔이어야 하므로 2가지 경우의 수를 만족한다.

A	B	C	D
초		빨	

B는 반드시 파란색이어야 하나 D는 초록색, 파란색 중 어느 색깔이든지 관계없으므로 2가지 경우의 수를 만족한다.

A	B	C	D
초			빨

B는 반드시 파란색이고 C는 반드시 초록색이여야 하므로 1가지 경우의 수를 만족한다.
∴ A가 초록색이고 1가지만 쓸 수 있는 색깔이 빨간색만 있는 경우 총 5가지를 만족한다.
(2) 1가지만 쓸 수 있는 색깔이 노란색만 있는 경우
A가 초록색이고 1가지만 쓸 수 있는 색깔이 빨간색만 있는 경우와 구조가 동일하므로 총 5가지이다.
(3) 1가지만 쓸 수 있는 색깔이 빨간색, 노란색인 경우
빨간색이 노란색보다 먼저 배열되는 경우를 고려한다. 노란색이 빨간색보다 먼저 배열되는 경우에는 구조가 동일하기 때문이다.

A	B	C	D
초	빨	노	

D는 각각 초록색, 파란색 중 어느 색깔이든지 관계없으므로 2가지 경우의 수를 만족한다.

A	B	C	D
초	빨		노

C는 각각 초록색, 파란색 중 어느 색깔이든지 관계없으므로 2가지 경우의 수를 만족한다.

A	B	C	D
초		빨	노

B에는 파란색만 오므로 1가지 경우만 가능하다.
∴ 빨간색이 노란색보다 먼저 배열되며 A가 초록색이고 1가지만 쓸 수 있는 색깔이 빨간색, 노란색일 때 빨간색이 노란색보다 먼저 배열되는 경우는 5가지이다. 노란색이 빨간색보다 먼저 배열되는 경우에는 구조가 동일하므로 1가지만 쓸 수 있는 색깔이 빨간색, 노란색인 경우 총 10가지이다.
(4) 1가지만 쓸 수 있는 색깔이 없는 경우

A	B	C	D
초	파	초	파

B/D와 C는 각각 파란색, 초록색이어야 하므로 1가지 경우의 수를 만족한다.
∴ 따라서 A가 초록색인 경우 A가 초록색일 때 21가지 경우가 가능하다.
4) A가 파란색인 경우
A가 초록색인 경우와 구조가 동일하므로 21가지가 가능하다.
∴ 위의 결론을 종합하면 총 개수는 10+10+21+21가지=62가지이다.

56

정답 ⑤

1) 甲의 경로

2) 乙의 경로

두 사람이 만나는 장소는 甲의 집과 乙의 집 사이이다. 왜냐하면 서로 만나려면 각자 사람의 출발지는 반대편 사람의 목적지가 되기 때문이다.

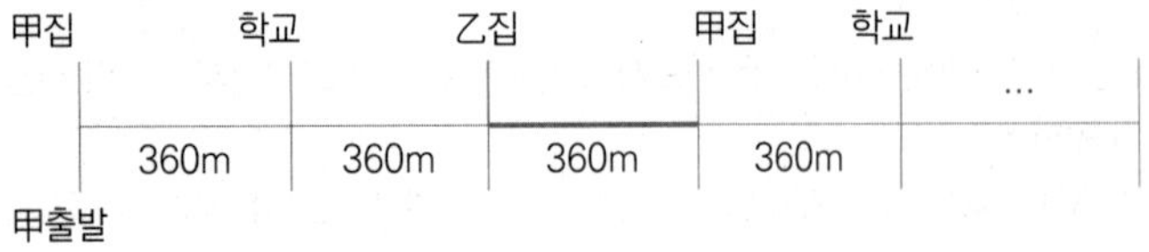

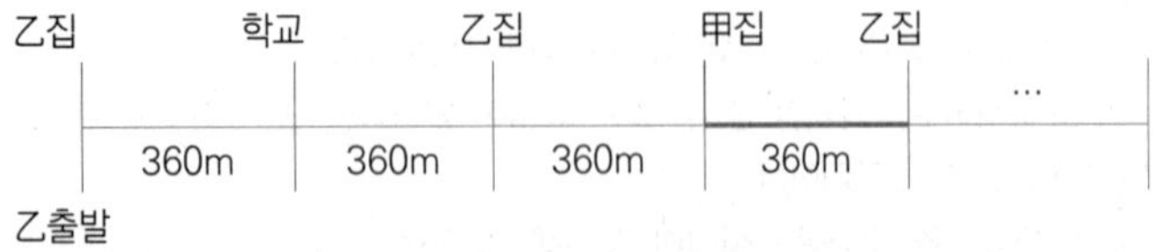

따라서 甲과 乙이 산책을 시작하고 처음 만난 시간을 x(분)라고 둔다면 甲이 걸었던 거리는 $10x$(m), 乙이 걸었던 거리는 $14x$(m)로 나타날 수 있으며 다음과 부등식과 방정식을 세울 수 있다.

① $10x - 720 = 14x - 1,080$

② $720 \le 10x \le 1,080, \ 1,080 \le 14x \le 1,440$

이 경우 두 집 중간에서 만나게 되고 출발하고 해당 지점에서 만나기까지 걸리는 시간 x(분)은 90분이다.

57

정답 ③

㉠은 15

㉡은 120

1분당 입장하는 관람객 수를 (ㄱ)이라 하고, 목표 명수를 (ㄴ)이라 한다. 2개 출구에서 24분만에 관람객이 모두 빠졌으므로 다음과 같은 식을 세울 수 있다.

$(ㄴ) + 24 \times (ㄱ) = (10 + 10) \times 24$

또한 3개 출구에서 8분만에 관람객이 모두 빠졌으므로 다음과 같은 식을 세울 수 있다.

$(ㄴ) + 8 \times (ㄱ) = (10 + 10 + 10) \times 8$

두 식을 연립하는 경우, (ㄱ)=15, (ㄴ)=120이다.

58

정답 ②

행사2로 세트메뉴를 1개 주문하면서 스테이크는 가격이 립아이 스테이크를 주문한다. 그 후 갈릭라이스를 정가를 주고 1개 시키고, 행사1의 할인권을 사용해 채끝 스테이크와 파스타 1개를 주문한다. 그 후 할인을 적용받지 않은 갈릭라이스 23,000원에 대해 15%할인을 받으면 된다.

45,000원 + 23,000원 + 18,000원 + 10,000원 - 3,450원 = 92,550원

59

정답 ④

A 2)는 참이 될 수 없다. 23은 소수이기 때문이다. 따라서 이 숫자는 세 자리 숫자라는 것을 알 수 있다.

B 2)와 C 2)가 모두 참이라면, 이 수는 3개의 0으로 이루어진 수가 된다. 그러나 이 수는 자연수가 아니므로 불가능하다. 따라서 두 진술 중 적어도 하나는 옳지 않다.

만약 B 2)가 참이고 C 2)가 거짓인 경우, C 1)은 참이다. 세 자리의 자연수는 세 숫자가 모두 같으며 11로 나누어져야 한다. 그러나 그런 자연수는 존재하지 않는다.

따라서 B 2)는 무조건 거짓이다. 따라서 B 1)은 옳은 내용이므로 이 자연수는 37로 나눌 수 있다. 이때 C 1)이 참이라면 11로 나눌 수 있어야 할 것이며, C 2)가 참이라면 일의 자리가 0이어야 한다.

따라서 이를 만족하는 경우를 찾으면 407 또는 814, 370, 740을 찾을 수 있다. 이때 D의 진술 중 하나는 참 하나는 거짓을 만족하는 수를 남기면 407은 답이 될 수 없고 나머지 814, 370, 740이 가능한 숫자이다.

60

정답 ③

각 평가 기준에 따른 점수를 계산하면 아래와 같다.

	甲	乙	丙	丁	戊
기존	44	-	44	54	50
신규	51	49	36	-	52

따라서 기존의 평가 기준으로 B가 구매하는 전자칠판은 丁이고, A원장의 지시에 따라 구매하였어야하는 전자칠판은 戊이다.

61

정답 ④

주어진 복면산에서 1은 사용되지 않았다. 따라서 첫 번째 밑줄을 기준으로 위아래에서 동일하게 등장하는 B, E, G는 0이 아니다. 또한 각 행의 첫 번째 숫자인 D, A도 0이 될 수 없다. 따라서 0이 될 수 있는 수는 C와 F뿐이다. 그러나 E와 F를 더해서 B가 A로 숫자가 달라지기 위해서는 F는 0이 될 수 없다. 따라서 0이 될 수 있는 문자는 C뿐이다.

첫 번째 밑줄을 기준으로 위에 있는 D는 2가 될 수 밖에 없다. 그 이유는 곱셈을 통해서 만의 자리로 넘어가는 수를 만들어서는 안되기 때문이다. 같은 이유로 G는 D와 곱해져서 천의 자리로 넘어가는 수를 만들어서는 안되므로 3이 될 수 밖에 없다. 그 결과 4행의 G는 2가 된다. 따라서 지금까지 도출된 내용을 정리하면 다음과 같다.

	2	E	B
×		2	3
	E	E	E
B	F	2	
A	E	0	E

4행의 B가 될 수 있는 수는 곱셈의 결과로ㅊ즉, 3행과 5행의 E는 모두 8이 된다.

	2	E	6
×		2	3
	8	8	8
5	F	2	
A	8	0	8

따라서 1행의 E는 9, 4행의 F는 9, 5행의 A는 6이 된다.

	2	9	6
×		2	3
	8	8	8
5	9	2	
6	8	0	8

마지막 5행에서 가장 큰 숫자는 8, 가장 작은 숫자는 0으로 그 차이는 8이 된다.

62

정답 ③

조건은 다음과 같다.
- 과목 : A, B, C, D, E
- 공부기간 : 1일, 2일, 3일, 4일, 5일
- 규현이는 4일에는 A 과목을, 8일에는 B과목을 12일에는 C 과목을 공부함

순서	1	2	3	4	5
과목					
기간					

일	과목	일	과목
1		9	
2		10	
3		11	
4	A	12	C
5		13	
6		14	
7		15	
8	B		

- 세 번째로 공부한 과목은 하루 만에 공부를 끝냄

→ 이 때 세 번째로 공부한 과목이 C가 될 수는 없다. 왜냐하면 그 뒤의 남은 기간이 3일 밖에 없기 때문이다. 이러한 점에서 13일부터 15일까지의 과목은 △로 동일함을 알 수 있다.

순서	1	2	3	4	5
과목			C̶		
기간			1		

일	과목	일	과목
1		9	
2		10	
3		11	
4	A	12	C
5		13	△
6		14	△
7		15	△
8	B		

- 네 번째로 공부한 과목은 D임.

→ 여기서 △=C를 도출할 수 있다. 그리고 C는 다섯 번째로 공부한 과목이 된다. 이로부터 10일 11일은 D과목을 공부함을 알 수 있다. 다만 D과목의 공부기간은 확정되지 않았다.

순서	1	2	3	4	5
과목				D	C
기간			1		4

일	과목	일	과목
1		9	
2		10	D
3		11	D
4	A	12	C
5		13	C
6		14	C
7		15	C
8	B		

- 3일 동안 공부한 과목은 D도, E도 아니다.

→ 제약조건상 D과목은 5일 동안 공부할 수도 없으므로 D는 2일을 공부했음을 알 수 있다. 그러면 제약조건상 A가 5일 B가 3일 공부해야 한다.

모든 조건을 만족시키는 가능한 경우의 수는 아래와 같다.

순서	1	2	3	4	5
과목	A	B	E	D	C
기간	5	3	1	2	4

일	과목	일	과목
1	A	9	E
2	A	10	D
3	A	11	D
4	A	12	C
5	A	13	C
6	B	14	C
7	B	15	C
8	B		

① (×) A를 공부한 날 5일은 D를 공부한 날 2일보다 3일 더 많다.
② (×) E의 공부가 끝난 3일 후에 C의 공부를 시작하였다.
③ (○) D와 E를 공부한 날 수의 합은 3일로, B를 공부한 날 수와 동일하다.
④ (×) E는 하루 공부하였다.
⑤ (×) 가장 오랫동안 공부한 과목은 A이다.

63

정답 ④

조건을 정리하면 다음과 같다.
- 네 사람의 점수는 모두 다르다
- 선일이는 7과×카드를 뽑았다.

-동민이는 6을 뽑지 않았으며, 총 점수는 12점이다.

→ 동민이는 3×4 또는 4+8의 조합으로 뽑는다. 동민이의 케이스를 가지고 경우의 수를 2가지로 나눈다.

case1)	case2)
동민 : 3, 4, ×	동민 : 4, 8, +
선일 : 7, ×	선일 : 7, ×

- 우정이는 1과 8은 뽑지 않았다.
- 우정이가 뽑은 숫자 카드 중 큰 수에서 작은 수를 빼면 동민이가 뽑은 숫자 카드 중 하나가 나온다.

→ 우정이는 2와 6을 뽑았다. 그리고 연산기호는 +가 된다. 그리고 혜신이가 뽑은 연산기호도 아래와 같이 확정된다.

case1)	case2)
동민 : 3, 4, ×	동민 : 4, 8, +
선일 : 7, ×	선일 : 7, ×
우정 : 6, 2, +	우정 : 6, 2, +
혜신 : +	혜신 : ×

• 혜신이는 선일이보다 점수가 높다.
→ 모든 경우에 선일이가 혜신이보다 점수가 낮으려면 1을 뽑아야 한다. 아니면 선일이가 혜신이보다 점수가 높기 때문이다.

case1)	case2)
동민 : 3, 4, ×	동민 : 4, 8, +
선일 : 7, 1, ×	선일 : 7, 1 ×
우정 : 6, 2, +	우정 : 6, 2, +
혜신 : 5, 8, +	혜신 : 5, 3, ×

이때 네 사람의 점수는 모두 다르다는 조건을 충족하는 것은 case 1)이다 case 2)에서는 우정이와 혜신이의 점수가 8점으로 동일하기 때문이다. 따라서 최종결과는 아래와 같이 확정된다.

	카드	합
동민	3, 4, ×	3×4=12
선일	7, 1, ×	7×1=7
우정	6, 2, +	6+2=8
혜신	5, 8, +	5+8=13

① (○) 우정이의 점수는 6+2=8점이다.
② (○) 혜신이의 점수(=5+8=13)와 우정이의 점수 차이는 5점이다.
③ (○) 혜신이는 5가 써진 숫자카드를 뽑았다.
④ (×) 모든 사람의 점수의 합은 40점이다. case 2)의 경우에도 모든 사람의 점수의 합은 42점이다.
⑤ (○) 선일이는 동민이보다 점수가 낮다.

64 정답 ③

조건을 정리하면 다음과 같다.
• 이름 : 甲, 乙, 丙, 丁, 戊
• 나이 : 30. 31, 32, 33, 34

이름	甲	乙	丙	丁	戊
판매					
나이					

• 甲은 150대를 판매하였으며, 甲의 판매량은 戊의 판매량과 100대의 차이가 난다.
→ 戊은 250대를 팔았거나 50대를 팔았다.

이름	甲	乙	丙	丁	戊
판매	150				50 or 250
나이					

• 乙의 판매량이 가장 많으며, 乙과 31세인 丁의 판매량 합계는 560대이다.
→ 丁이 31세라는 것을 알 수 있다.

이름	甲	乙	丙	丁	戊
판매	150				50 or 250
나이				31	

• 32세 사원과 戊는 모두 판매량 순위 3위 안에 들지 못하였다.
→ 32세 사원과 戊는 판매량 4,5위이다. 그런데 여기서 만일 戊의 판매량이 250대라면 甲의 판매량+乙의 판매량+丁의 판매량+戊의 판매량이 150대+560대+250대=960대이다. '다섯 명의 올해 총 판매 대수는 850대'라는 조건에 위배된다.
결국 戊의 판매량은 50대라는 것을 확정할 수 있다. 아울러 丙의 판매량은 90대라는 것까지 확정할 수 있다.

이름	甲	乙	丙	丁	戊
판매	150		90		50
나이				31	

'乙의 판매량이 가장 많으며, 乙과 31세인 丁의 판매량 합계는 560대이다.'라는 조건과 '판매량이 가장 많은 직원은 가장 적은 직원보다 270대를 더 팔았다.' 조건을 결합해서 각 사람의 판매량 정보를 확정할 수 있다.
丁은 판매량이 가장 적은 영업사원이 될 수 없으며 戊가 판매량이 가장 적은 사원이 된다. 이에 따라 乙의 판매량은 320대, 丁의 판매량은 200대가 된다.

이름	甲	乙	丙	丁	戊
판매	150	320	90	200	50
나이				31	

• 30세 사원의 판매량은 34세 사원의 판매량의 3배이다.
→ 30세 사원은 甲이고 34세 사원은 戊이다

이름	甲	乙	丙	丁	戊
판매	150	320	90	200	50
나이	30			31	34

• 32세 사원과 戊는 모두 판매량 순위 3위 안에 들지 못하였다.
→ 戊는 판매량 5위이므로 32세 사원은 판매량 4위인 丙이다. 그리고 乙이 33세라는 것까지 추론 가능하다.

이름	甲	乙	丙	丁	戊
판매	150	320	90	200	50
나이	30	33	32	31	34

결국 주어진 조건을 모두 사용하여 아래와 같은 표를 완성할 수 있다.

이름	甲	乙	丙	丁	戊
판매	150	320	90	240	50
나이	30	33	32	31	34

ㄱ. (×) 나이가 가장 어린 사원은 甲이다.
ㄴ. (×) 240의 1.5배는 360이다.
ㄷ. (○) 판매량 순위가 4, 5위인 丙과 戊의 판매량의 합은 140으로 甲의 판매량 150보다 적다.
ㄹ. (○) 丙과 戊의 나이의 합은 66으로 甲과 丁의 나이의 합인 61보다 많다.

65 정답 ②

甲의 시계는 새벽-새벽으로 하루가 넘어갈 때마다 10초씩 빨라진다. 따라서 5분(=300초)이 빨라지기까지 27일 뒤로 가고, 그날의 저녁이 되어 30초가 더 빨라져야 한다. 따라서 1월 28일 저녁이 되면 정확한 시간보다 300초 빨라지게 된다.

66 정답 ⑤

${}_5C_3=10$이므로, 다음의 경우를 모두 확인할 수 있다.

1	신정	신정	신정		
2	신정	신정		신정	
3	신정	신정			신정
4	신정		신정	신정	
5	신정		신정		신정
6	신정			신정	신정
7		신정	신정	신정	
8		신정	신정		신정
9		신정		신정	신정
10			신정	신정	신정

1	신정	신정	신정	영빈	영빈
2	신정	신정	영빈	신정	영빈
3	신정	신정	영빈	영빈	신정
4	신정	영빈	신정	신정	영빈
5	신정	영빈	신정	영빈	신정
6	신정	영빈	영빈	신정	신정
7	영빈	신정	신정	신정	영빈
8	영빈	신정	신정	영빈	신정
9	영빈	신정	영빈	신정	신정
10	영빈	영빈	신정	신정	신정

10가지 경우 중에서 신정이가 5개의 사탕을, 영빈이가 2개의 사탕을 가져가는 경우는 7번 경우뿐이다.

67

정답 ③

이들이 가져간 탕수육의 개수에 대한 정보를 정리하면 다음과 같다.

A=17

C=B-1

2D=E-1

B+E=20

C+D=13

방정식을 풀면, B=9, C=8, D=5, E=11이 된다.

ㄱ. (O) 5명이 가져간 탕수육의 개수의 합은 50이므로, 평균은 10개이다.

ㄴ. (O) 탕수육을 주고받는 개수를 최소화하기 위해서는 한 번 탕수육을 누군가에게 준 사람은, 다시 탕수육을 받는 경우는 없어야 한다. 따라서 탕수육이 10개보다 많은 사람이 탕수육이 적은 사람에게 탕수육을 전달해주어야 한다. B는 탕수육이 1개, C는 2개, D는 5개 부족하다. A는 7개, E는 1개가 많다. 따라서 A가 자신의 왼편으로 B에게 탕수육 3개를 주면, B는 탕수육 1개를 가지고 2개를 C에게 준다. 또 A가 자신의 오른편으로 E에게 탕수육 4개를 주면, E는 1개를 더해 5개를 D에게 준다.

ㄷ. (X) 5명이 주고받는 탕수육의 개수는 14개이다.

68

정답 ②

ㄱ. (O) 甲은 90일에 한 번씩 비밀번호를 변경하므로 2월 17일, 5월 18일, 8월 16일, 11월 14일에 비밀번호를 변경한다. 즉, 2022년에 4번 비밀번호를 변경한다.

ㄴ. (X) 甲은 2월 17일, 5월 18일, 8월 16일, 11월 14일에 비밀번호를 변경한다.

ㄷ. (X) 2월 17일은 짝수달이므로 영어단어 약자의 첫 글자만 대문자로, 나머지는 소문자로 구성하므로 영어 자리에는 'Feb'가 들어가고 17일에 변경하므로 1×7=7이므로 숫자는 '1707'이 들어간다. 즉 2월 17일에 변경한 비밀번호는 'Feb1707'이다.

ㄹ. (O) 甲이 2022년 11월 14일에 마지막으로 비밀번호를 변경한다. 11월은 홀수달이므로 영어는 'nov'가 들어가고, 숫자는 1×4=4이므로 '1404'가 들어간다. 따라서 갑이 변경한 비밀번호는 'nov1404'이다.

69

정답 ④

1) 기존에 무게를 잴 수 있는 경우의 수

i) 추 1개만 뽑았을 때

$_4C_1=4$가지로서 1g, 3g, 9g, 27g의 무게를 재는 것이 가능하다.

ii) 추 2개 뽑았을 때

추를 2개 뽑는 경우의 수는 $_4C_2=6$이다. 그런데 추를 2개를 뽑아서 2개를 더한 무게를 측정도 가능하다. 그 뿐만 아니라 2개의 차이에서 도출되는 무게도 측정이 가능하다.

따라서 무게를 잴 수 있는 방법은 $_4C_2\times2=12$가지이다.

iii) 추 3개 뽑았을 때

추를 3개 뽑는 경우의 수는 $_4C_3=4$이다. 그런데 추를 3개를 뽑아서 3개를 모두 더한 무게를 측정도 가능하다.

또한 추 2개와 나머지 1개와의 차이의 무게를 재는 것도 가능하다.

주어진 3개의 추에서 이러한 방법의 경우는 $_3C_2=3$가지이다.

따라서 무게를 잴 수 있는 방법은 $_4C_3\times(1+{_3C_2})=16$가지이다.

iv) 추 4개 뽑았을 때

$_4C_4=1$가지로서 '1+3+9+29'g의 무게를 재는 것이 가능하다. 4개의 추의 무게의 합만큼의 무게를 잴 수 있기 때문이다.

∴ 기존에 무게를 잴 수 있는 경우의 수는 1+12+16+1=40가지이다.

2) 3g 추가 사라지는 경우

i) 추 1개만 뽑았을 때

$_3C_1=3$가지로서 1g, 9g, 27g의 무게를 재는 것이 가능하다.

ii) 추 2개 뽑았을 때

추를 2개 뽑는 경우의 수는 $_3C_2=3$이다. 그런데 추를 2개를 뽑아서 2개를 더한 무게를 측정도 가능하다. 그 뿐만 아니라 2개의 차이에서 도출되는 무게도 측정이 가능하다.

따라서 무게를 잴 수 있는 방법은 $_3C_2\times2=6$가지이다.

iii) 추 3개 뽑았을 때

추를 3개 뽑는 경우의 수는 $_3C_3=1$이다. 그런데 추를 3개를 뽑아서 3개를 모두 더한 무게를 측정도 가능하다.

또한 추 2개와 나머지 1개와의 차이의 무게를 재는 것도 가능하다.

주어진 3개의 추에서 이러한 방법의 경우는 $_3C_2=3$가지이다.

따라서 무게를 잴 수 있는 방법은 $_3C_3\times(1+{_3C_2})=4$가지이다.

∴ 3g 추가 사라지는 경우 무게를 잴 수 있는 경우의 수는 3+6+4+1=13가지이다.

기존에 40가지의 무게를 잴 수 있었으나 이제 3g 추가 사라지는 경우, 13가지의 무게 밖에 잴 수 없게 된다. 따라서 창석이가 맞은 꿀밤의 대수는 40−13=27(대)이다.

70

정답 ④

조건을 살펴보면 다음과 같다.

• 甲과 丙의 트러플크림 리조또에 대한 선호도를 합하면 15점이다.

→ 경우의 수가 많아 보이지만 생각보다 해보면 많지는 않다. 두 수의

합이 15점이 되는 경우는 7+8점 뿐이다. 같은 요리 내에서 7점과 8점이 동시에 든 요리를 찾으면 된다.

이름 \ 요리				甲 or 丙	丙 or 甲
	2	4	3	8	5
	6	3	2	5	4
	5	6	7	1	2
트러플	1	5	1	7	8
	7	2	8	1	3

- 甲의 트러플크림 리조또에 대한 선호도와 乙의 트러플크림 리조또와 치즈 스테이크에 대한 선호도를 합하면 19점이다.
  - → 甲의 트러플크림 리조또에 대한 선호도가 7점이라면 乙의 트러플크림 리조또와 치즈 스테이크에 대한 선호도의 합이 12점이여야 한다. 그러나 그 경우는 존재하지 않는다.
  - → 甲의 트러플크림 리조또에 대한 선호도가 8점이라면 乙의 트러플크림 리조또와 치즈 스테이크에 대한 선호도의 합이 11점이여야 한다. 이는 아래와 같이 존재한다.

이름 \ 요리		乙		丙	甲
	2	4	3	8	5
	6	3	2	5	4
치즈	5	6	7	1	2
트러플	1	5	1	7	8
	7	2	8	1	3

- 5명의 시금치 뇨끼에 대한 선호도 평균은 4점이다.
  - → 총점이 20점인 요리를 찾아야 하는데 아래와 같은 한 가지 경우일 뿐이다.

이름 \ 요리		乙		丙	甲
	2	4	3	8	5
시금치	6	3	2	5	4
치즈	5	6	7	1	2
트러플	1	5	1	7	8
	7	2	8	1	3

- 丙의 오징어먹물 파스타에 대한 선호도와 丁의 시금치 뇨끼에 대한 선호도를 합하면 14점이다.
  - → 경우의 수가 많아 보이지만 생각보다 해보면 많지는 않다. 시금 치 뇨끼에 대한 선호도 최고점이 6점인데 표의 수 구조 하에서는 8점만 가능하기 때문이다. 시금치 뇨끼의 나머지 선호도로는 두 수의 합으로 14점을 만드는 것이 가능하지 않기 때문이다. 따라서 丁과 丙의 위치가 확정된다. 또한 오징어먹물 파스타의 위치도 확정된다.

이름 \ 요리	丁	乙	丙	丙	甲
오징어	2	4	3	8	5
시금치	6	3	2	5	4
치즈	5	6	7	1	2
트러플	1	5	1	7	8
	7	2	8	1	3

이를 통해 최종적으로 주어진 조건을 통해 확인할 수 있는 내용은 아래와 같다.

이름 \ 요리	丁	乙	戊	丙	甲
오징어	2	4	3	8	5
시금치	6	3	2	5	4
치즈	5	6	7	1	2
트러플	1	5	1	7	8
단호박	7	2	8	1	3

丁의 단호박스프에 대한 선호도는 7점이며 戊의 오징어먹물파스타에 대한 선호도는 3점이므로 그의 합은 10점이다.

71

정답 ②

제시문에서 2가지 상황이 제시되었는데 이는 다음과 같다.

1. B가 A를 따라잡아 앞서는 상황

먼저 달리고 있던 B를 A가 따라잡은 순간부터 A의 끝이 B를 완전히 벗어나는 순간까지 총 14초가 소요된다고 한다. 이 때 기차 A, B의 상태는 다음과 같다.

	길이	속력
기차 A	90m	15m/s
기차 B	50m	㉮ m/s

14초라는 시간 동안에 벌어진 A기차와 B기차의 거리 차이는 A기차의 길이의와 B기차의 길이의 합에 해당한다.

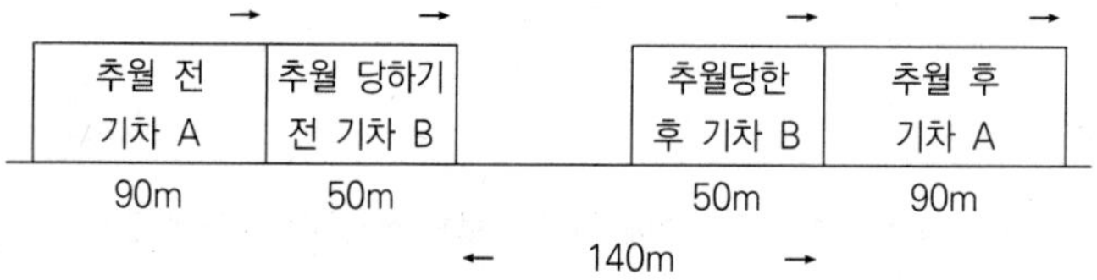

따라서 (15－㉮)m/s×14초＝140m가 되어야 해서 ㉮＝5가 된다.

2. A와 C가 마주쳐서 서로 지나간 상황

A가 마주 오던 C를 마주친 순간부터 그 끝이 C를 완전히 벗어나는 순간까지는 (㉯)초가 소요된다. 이때 기차 A, C의 상태는 다음과 같다.

	길이	속력
기차 A	90m	15m/s
기차 C	50m	㉮ m/s＝5m/s

(㉯)초라는 시간 동안에 벌어진 A기차와 C기차의 지나간 거리의 합은 A기차의 길이와 C기차의 길이의 합에 해당한다고 할 수 있다.

따라서 (15＋7)m/s×㉯초＝140m가 되어야 해서 ㉯＝7이 된다.

∴ ㉮＝5 , ㉯＝7 이므로 ㉮와 ㉯에 들어갈 숫자의 합은 12이다.

72

정답 ②

총점은 (5+3+2+1)×3=33점이다. 따라서 C반이 x점을 받았다면 B반은 (x+1)점을 받고, A반은 (x+2)점을 받았다. 따라서 $x = 10$이다. A반은 12점, B반은 11점, C반은 10점을 받았다.

A반에서 등수에 든 학생 수가 가장 적었으므로 1등이 2명, 3등이 1명이다.
B반에서 1등을 한 학생이 없으므로 2등이 3명, 3등이 1명이다.
C반에서 등수를 받은 학생이 가장 많으므로 1등이 1명, 3등이 1명, 4등이 3명이다.

73 정답 ④

상황을 정리하면 다음과 같다.

- 주식채팅방 : 정오부터 3분마다 30개 메시지가 옴. (0분~87분)
- 고양이채팅방 : 정오부터 5분마다 30개 메시지가 옴. (0분~145분)
- 공부채팅방 : 정오부터 4분마다 30개 메시지가 옴. (0분~116분)

두 개의 채팅방에서 동시에 메시지가 오는 경우는 주식과 고양이채팅방의 경우 0분에서 87분까지 총 6번, 주식과 공부채팅방의 경우 0분에서 87분까지 8번, 고양이와 공부채팅방의 경우 0분에서 116분까지 6번이다.
세 개의 채팅방에서 동시에 메시지가 오는 경우는 정오(0분)와 60분 2번이다.
따라서 핸드폰 알람이 울린 횟수는 90－20＋2＝72회이다.

74 정답 ③

철봉매달리기를 제외한 학생별 종목별 승점의 총합은 다음과 같다.

	지명	유진	선호	진산
총합	11점	9점	8점	12점

ㄱ. (X) 지명이가 철봉매달리기에서 1등을 하여도, 진산이가 철봉매달리기에서 2등을 한다면, 두 사람의 승점의 총합이 동일하게 된다. 이때 1등을 한 종목은 2개 종목으로 동일하므로 2등을 한 종목이 많은 진산이가 종합 순위 1위가 된다.

ㄴ. (X) 선호가 철봉매달리기에서 1등을 하고, 유진이 2등을 하는 경우를 고려해본다. 두 사람의 승점의 총합이 동일하게 되며 이때 1등을 한 종목은 1개 종목으로 두 사람이 동일하므로 2등을 한 종목이 많은 유진이가 종합 순위에서 선호보다 높은 순위를 차지할 수 있다.

ㄷ. (X) 선호가 철봉매달리기에서 1등을 하고, 유진이 4등을 하는 경우를 고려해본다. 선호의 승점의 총합은 12점, 유진이의 승점의 총합은 10점으로 선호가 유진이보다 더 높은 종합 순위를 차지할 수 있다.

ㄹ. (O) 진산이가 철봉매달리기에서 2등을 하는 경우, 극단적으로 지명이가 1등을 하여도 ㄱ보기의 내용과 동일하게 진산이가 종합 순위 1위가 된다.

75 정답 ①

주어진 조건을 모두 사용하여 아래와 같은 표를 완성할 수 있다.

요일 학생	월	화	수	목	금	토	참여 횟수
A							
B			○				
C							3
D			○				
E						○	
참여 인원			4			3	

- D와 E가 함께 스터디에 참여한 날은 총 이틀이며, 두 사람은 각각 이틀 연속으로 참석하지는 않았다.

요일 학생	월	화	수	목	금	토	참여 횟수
A							
B			○				
C							3
D		×	○	×			
E					×	○	
참여 인원			4			3	

- 금요일에는 총 4명이, 화요일에는 1명이 스터디에 참석했다.

요일 학생	월	화	수	목	금	토	참여 횟수
A					○		
B			○		○		
C					○		3
D	×	×	○	×	○	×	
E					×	○	
참여 인원		1	4		4	3	

- C는 3일 연속 스터디를 참석했으며, 연속되는 3일 중 첫날을 제외한 나머지 이틀은 B와 함께 스터디를 하였다.

→ C는 목요일, 금요일, 토요일 3일 동안 스터디를 참가했고 B는 금요일, 토요일에 스터디를 참여했음을 알 수 있다. 여기서부터 A는 월요일에 스터디를 참가하지는 않았음도 알 수 있다.

→ 수요일에 C가 참석하지 않기 때문에 수요일은 C 빼고 전부 다 참석하게 되며, 그에 따라 수요일 스터디 참석 현황이 확정된다.

요일 학생	월	화	수	목	금	토	참여 횟수
A			○		○	×	
B			○		○	○	
C	×	×	×	○	○	○	3
D		×	○	×	○	×	
E		×	○	×	×	○	
참여 인원		1	4		4	3	

그리고 D와 E가 함께 스터디에 참여한 날은 총 이틀이라는 조건 때문에 월요일에 D과 E가 참석한다는 것과 그에 따른 D와 E의 스터디 참여 날짜도 확정된다. 그리고 참여자의 스터디 최대 참여횟수가 3회이므로 B의 참여현황도 확정된다.

요일 학생	월	화	수	목	금	토	참여 횟수
A			○		○	×	
B	×	×	○	×	○	○	3
C	×	×	×	○	○	○	3
D	○	×	○	×	○	×	3
E	○	×	○	×	×	○	3
참여 인원		1	4		4	3	

이때 화요일의 경우 A가 참여함을 알 수 있고 그에 따라 결과는 아래와 같이 확정된다.

요일 학생	월	화	수	목	금	토	참여 횟수
A	×	○	○	×	○	×	3
B	×	×	○	×	○	○	3
C	×	×	×	○	○	○	3
D	○	×	○	×	○	×	3
E	○	×	○	×	×	○	3
참여 인원	2	1	4	1	4	3	15

① (○) A와 B가 함께 스터디에 참여한 날은 수요일과 금요일 총 이틀이다.

② (×) 일주일 동안 스터디에 2회 참여한 학생이 존재하지 않는다.

③ (×) 목요일보다 월요일에 더 많은 학생이 스터디에 참여하였다.

④ (×) A는 화요일, 금요일 모두 스터디에 참여했다.

⑤ (×) 학생들은 일주일 동안 스터디에 참여한 요일 구성이 전부 다르다.

76

정답 ③

- 14명 중 90점을 초과하는 학생은 4명이다.
- 80점 미만인 학생은 5명이다.

\- 80점 이상 90점 이하인 학생은 14명 중 5명이다.

1	2	3	4	5	6	7	8	9	10	11	12	13	14

- 가영이보다 성적이 낮은 학생은 4명이다.
- 다솜이보다 성적이 높은 학생은 5명이다.

\- 가영이는 점수를 낮은 순서대로 줄세우면 5등, 다솜이는 점수가 높은 순서대로 줄세우면 6등이다.

1	2	3	4	5	6	7	8	9	10	11	12	13	14
				가				다					

- 다솜이는 나리보다는 점수가 10점 이상 낮다.

\- 나리의 점수는 90점 이상이다.

- 라희, 마익, 바울이의 점수는 80점보다 높다.
- 라희는 마익이보다는 점수가 높고, 바울이보다는 점수가 낮다.
  마익 < 라희 < 바울을 만족해야 한다.
- 14명 중 남학생은 3명이며, 이 3명 중 가장 점수가 높은 사랑이의 점수는 77점이다.

1	2	3	4	5	6	7	8	9	10	11	12	13	14
남<남<사				가				다			나		

③ (O) 바울이가 다솜이보다 기말고사 점수가 낮다면, 라희, 마익, 바울의 점수는 조건에 따르면 80점보다는 높으므로 이 조건을 만족시킬 수 있는 경우는 다음과 같은 경우밖에 없다. 따라서 마익이보다 기말고사 점수가 높은 학생은 8명이다.

1	2	3	4	5	6	7	8	9	10	11	12	13	14
남<남<사				가	마	라	바	다			나		

77

정답 ③

모든 보기가 3개씩 검정 칸이 존재하며, 9개의 칸이 모두 검정색이 되어야 하므로, 회전시켜보며 중복되는 부분이 검정 칸인 경우를 제외하고 필요한 3개의 보기를 고르면 된다.

78

정답 ②

ㄱ. (×) 시침이 1분에 이동하는 거리는 0.5°이며, 분침이 1분에 이동하는 거리는 6°이다. 오후 2시 이후 처음으로 시계의 시침과 분침이 10°가 된 순간 甲이 답안지를 제출하고 나왔다. 甲이 답안지를 제출한 것은 $60+0.5x-6x=10$를 만족시키는 2시 x(분)이다. 이 때 x값은 10을 넘지 않는다.

ㄴ. (○) 乙이 답안지를 제출한 것은 2시 이후 5번째로 분침과 시침이 10°를 이루는 순간이다. 1시간 동안 분침과 시침이 10°를 이루는 순간은 2번 존재하므로, 5번째 분침과 시침이 10°를 이루는 것은 4시 y분이라는 것을 알 수 있다. $120+0.5y-6y=10$을 만족시키는 y는 20이다.

ㄷ. (×) 甲이 답안지를 제출한 이후 1시간 사이 다시 분침과 시침이 이루는 각도가 10°가 되는 시간이 반드시 존재한다. $6z-60-0.5z=10$ 을 만족시키는 2시 z분을 바로 확인할 수 있다.

79

정답 ③

각 은행에 대해 받을 수 있는 2년반 동안 적용되는 원금에 대한 이자율은 다음과 같다.

\- K 은행 : 이자율은 6.24%×2 = 12.48%

\- N 은행 : 2년반(=30개월)의 기간이므로

0.5%×30 = 6%×2.5 = 15%이다.

따라서 계산 결과는 다음과 같다.

11,377,780 = 4,850,000×1.1248 + 5,150,000×1.15

80

정답 ①

甲은 4명의 카드에 짝수만 있는 것은 아니라고 했으므로, 홀수 카드가 적어도 한 장 존재한다. 그러나 D는 짝수만 볼 수 있다고 했으므로 D의 카드에 적힌 숫자가 홀수이다. 나머지 3명은 짝수를 가지고 있다.

A는 1과 5를 보지 못했으므로 丁의 카드에 적힌 숫자는 3, 7, 9 중 하나이다. B의 말에 따르면 약수가 2개 뿐인 자연수는 소수를 의미하므로 2, 3, 5, 7 뿐이다. 이 중에서 5는 A의 대화를 통해 제외되며, 2또는 3이 3개의 수 중에서 가장 큰 수가 되는 경우는 없으므로 제외하면 D가 가진 카드에 적힌 숫자가 7임이 도출된다. C의 발언에서 제곱 관계에 있는 두 개의 숫자는 2와 4, 그리고 3과 9인데 홀수는 D만이 가지고 있으므로 A와 B는 2와 4중 하나를 가지고, C가 7보다 작은 짝수 즉 남은 6을 갖게 된다.

81

정답 ④

6호의 진술이 참인 경우, 범인의 조합은 (1호, 4호) 또는 (2호, 3호)가 된다. 이 경우 5호는 범인이 아니게 되는데, 이 때 5호의 진술이 참이기에, 6호의 진술은 거짓이 되므로 모순이 된다. 따라서 6호의 진술은 거짓이다. 따라서 5호의 진술은 참이 된다.

1호의 진술이 거짓일 경우, 4호의 진술도 거짓이 된다. 이 경우 거짓인 진술이 3개가 되므로, 1호의 진술은 참일 수 밖에 없다. 따라서 1호와 4호의 진술은 참이 된다.

2호의 진술이 참일 경우, 3호가 범인이 된다. 이때 3호의 진술이 참이 되므로 모순이다. 따라서 2호의 진술은 거짓이 되는데, 3호의 진술은 참이 되므로 모순이 없다.

따라서 범인은 2호, 6호이다.

82

정답 ①

○ 작업자 A, B, C, D의 작업 벽면은 아래와 같다.
- 작업자 A : 2번, 4번, 6번
- 작업자 B : 1번, 3번, 5번
- 작업자 C : 1번, 4번
- 작업자 D : 2번, 5번

○ 일주일 동안 작업자들의 작업 일정 표는 아래와 같다.

11/21 (월)	11/22 (화)	11/23 (수)	11/24 (목)	11/25 (금)	11/26 (토)	11/27 (일)
A						A
	B	B				
			C	C or D		
						D

- 작업자 A가 5일을 연속해서 쉬기 위해서는 반드시 월요일과 일요일 작업을 진행한다.
- 작업자 B는 이틀 연속 오로지 혼자서만 작업을 하고, 작업자 C는 작업자 B의 작업이 마무리된 다음 날 작업을 시작하며, 11/24에 작업을 했다는 점에서 작업자 B의 작업일이 22, 23일 임을 알 수 있다.
- 작업자 A가 일요일에 작업을 했는데, 일주일 도색 작업의 최종 마무리를 작업자 D가 했다는 점에서 작업자 D가 작업일 이틀 중 다른 작업자 한 명과 함께 작업을 진행한 날이 일요일인 것을 알 수 있다.
- 따라서 금요일과 토요일 작업자 C와 D의 작업일만 불분명하다.

ㄱ. (O)
- 3번 벽 : 작업이 2번 이루어지므로, 파랑색이다.
- 6번 벽 : 작업이 2번 이루어지므로 파랑색이다.

ㄴ. (O)
- 금요일과 토요일 작업자 C 또는 D인지 불분명한 가운데, 금요일에 D가 작업하였다면 토요일은 C가 작업을 한다.
- 따라서 4번 벽은 토요일까지 세 번 작업2이 이루어지므로 노란색이다.

ㄷ. (X) 금요일까지 자신의 도색 작업을 모두 마칠 수 있는 작업자는 B와 C 최대 2명이다.

ㄹ. (X) 7번 벽이 존재한다면, 작업자 B와 C가 작업을 진행하게 된다. 따라서 총 4번의 작업이 이루어지며 만약 작업자 C가 토요일에 작업을 한다면 금요일 작업 마감까지 7번 벽의 작업은 세 번만 이루어지므로 노란색을 띠고 있을 수 있다.

83

정답 ⑤

현재 받침대 위에 놓인 타일을 다음과 같이 모두 바닥에 내려놓을 수 있다.

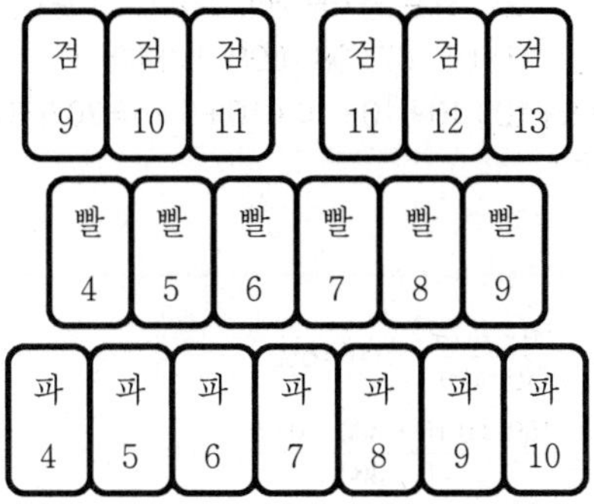

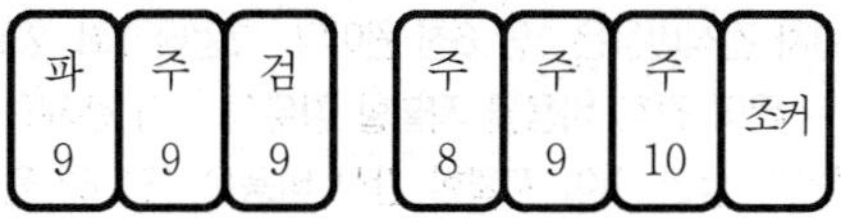

84

정답 ④

① (X) 1문단에 따르면 타일을 14개씩 나누어 받기 때문에 4명이 게임을 한다면 총 56개의 타일을 받게 된다.

② (X) 4문단에 따르면, 타일을 바닥에 내려놓기 위해서는 처음에 '등록'을 하여야 하는데 세트된 타일의 숫자 합이 30 이상이 되어야 등록을 할 수 있다. 등록을 하기 전이라면 검정 타일 8, 9, 10을 내려놓을 수 없으며 세 숫자의 합이 30 이하이기 때문에 8, 9, 10으로 등록을 하기 위해 내려놓을 수 없다.

③ (X) 6문단에 따르면, 세트를 이루는 타일들이 없어도 어떤 색, 어떤 숫자로도 쓸 수 있는 조커를 이용하여 세트를 완성할 수 있다.

④ (O) 2문단에 따르면, 그룹은 타일의 색깔은 다르지만 같은 숫자를 가진 타일이 3개 또는 4개일 때를 말한다.

⑤ (X) 2문단과 6문단에 따르면, 조커는 2개가 있으므로 한 사람이 조커를 넣어 세트를 만들었다 하여도 나머지 조커를 가지고 있는 사람이 조커를 넣어 세트를 만들 수 있다.

85

정답 ③

ㄱ. (×) 매주 화요일과 금요일에 모임이 이루어지므로 2022년 10월의 화요일과 금요일의 날짜는 4일, 7일, 11일, 14일, 18일, 21일, 25일, 28일이다. 그런다 10월 20일부터 26일까지 중간고사 기간이므로 시험기간과 그 직전 동아리 모임일에는 모임이 이루어지지 않는다. 즉 18일, 21일, 25일에는 동아리 모임이 이루어지지 않으므로 2022년 10월에 동아리는 5번 모였다.

ㄴ. (×) 〈상황〉에 주어진 정보를 바탕으로 간식비용을 부담할 가능성이 있는 사람을 정리하면 다음과 같다.

	甲	乙	丙	丁	간식비용	비용 부담자
1회 (10.4.)	5	8	10	4	2만 원	丁 또는 甲
2회 (10.7.)	9	10	10	6	1만 2천 원	乙 또는 丙 또는 乙과 丙 또는 甲
3회 (10.11.)	11	4	5	4	1만 6천 원	甲
4회 (10.14.)	3	8	2	9	2만 4천 원	丙 또는 甲

3회차 모임을 제외한 나머지 모임에서는 비용 부담자의 경우의 수가 있다. 1회차 모임의 경우 가장 작은 숫자가 나온 사람은 丁이지만 만약 주사위 2개가 모두 2로 나온 경우라면 간식비 부담에서 면제되기 때문에 그 다음으로 작은 숫자가 나온 甲이 부담하게 되기 때문이다.

마찬가지로 2회차 모임은 가장 큰 숫자가 나온 사람이 乙과 丙이므로 둘이 동시에 부담할 수도 있지만, 둘 중 한 명이라도 주사위 2개가 모두 5로 나왔다면 간식비 부담이 면제되고, 둘 다 주사위 2개가 모두 5로 나왔다면 그 다음으로 가장 큰 숫자가 나온 甲이 부담하게 된다.

4회차 모임의 경우에도 가장 작은 숫자가 나온 사람은 丙이지만 주사위 2개가 모두 1로 나온 경우라면 그 다음으로 작은 숫자가 나온 甲이 간식비를 부담하게 된다. 따라서 주어진 정보만으로는 2022년 10월 상반기 동안 네 사람 모두 1번 이상 간식비용을 부담하였다고 단정할 수 없다.

ㄷ. (O) 앞서 살펴보았듯이 甲은 3회차 모임에서 반드시 간식비를 부담하게

되고, 3회차 간식비용은 1만 6천 원이다. 그런데 1회, 2회, 4회차 모임에서 모두 甲이 간식 비용을 지불할 경우의 수가 존재하므로 2022년 10월 상반기 동안 甲이 지불한 간식 비용은 1만 6천원을 초과할 수 있다.

86

정답 ①

동일한 거리를 이동하는 경우 걸린 시간은 속력에 반비례한다. 만약 甲과 乙이 A에서 B까지 가는데 걸린 시간이 동일하다면, 두 사람의 시간의 차이는 B에서 C까지 가는데 걸린 시간의 차이와 같다. 비례 관계를 정리하면 다음과 같다.

	A→B 걸린 시간	B→C 걸린 시간	A→C 걸린 시간
甲	2a	10b	4시간 20분
乙	3a	9b	5시간 42분

A→B까지 걸린 시간을 같다고 가정하면 다음과 같다.

	A→B 걸린 시간	B→C 걸린 시간	A→C 걸린 시간
甲	6a	30b	13시간
乙	6a	18b	11시간 24분

따라서 13시간-11시간 24분=1시간 36분의 차이는 B→C 걸린 시간의 차이(12b)에 해당하는 값이다. 따라서 실제로 甲이 B→C에 걸린 시간 (10b)에 해당하는 값은 1시간 20분이다. A→B까지 걸린 시간은 전체 소요된 시간 4시간 20분에서 1시간 20분을 제한 3시간이다. 거리를 시간으로 나누어 속력을 구할 수 있다. 따라서 오르막길에서 甲의 속력은 3.6(km/h)이고, 내리막길에서 甲의 속력은 5.4(km/h)이다.
두 값의 차이는 1.8이다.

87

정답 ④

A의 자리 배치만을 고려해본다면, A는 3번의 자리 이동 후 원래의 자리로 돌아온다. 같은 규칙을 가진 B와 C도 마찬가지이다. D, E, G는 5번 이동 후 원래의 자리로 돌아온다. F와 H도 마찬가지이다. 따라서 모든 학생이 1월 1일의 자리로 돌아오게 되는 것은 3과 5의 공배수인 15가 된다. 15일 후 같은 자리에 앉게 되므로, 16일이 답이 된다.

규칙 1.

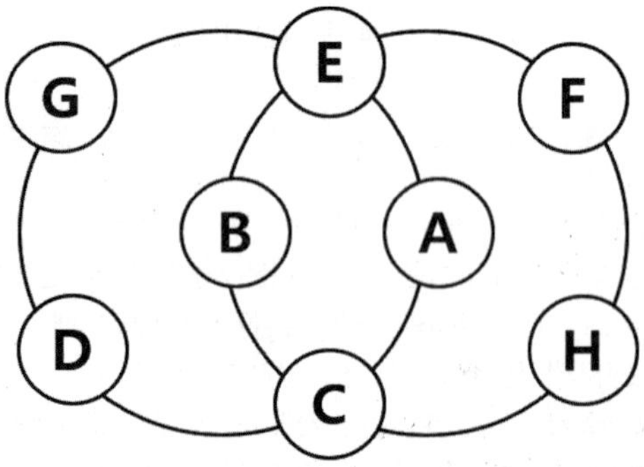

규칙 2.

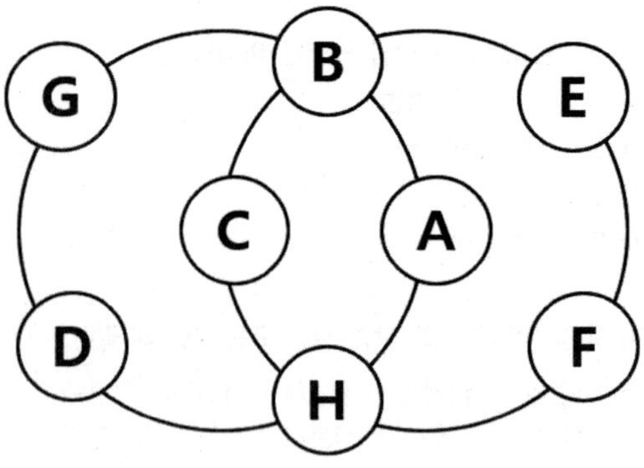

88

정답 ②

A신문회사의 1963년 파일함은 63XXXX식으로 되어 있다.
이때 셋째, 넷째 자리에 06, 03은 들어가지 못한다. 또한 수의 중복을 피하기 위해 11도 들어가지 못한다. 남은 9개의 월을 기준으로 파악한다.
(1) 6301XX의 경우
끝 5, 6자리가 0X. 1X, 3X는 불가능하다. 결국 2X의 숫자만 가능한데 이를 만족시키는 수는 24, 25, 27, 28, 29의 5가지이다.
(2) 6302XX의 경우
끝 5, 6자리가 0X. 2X, 3X는 불가능하다. 결국 1X의 숫자만 가능한데 이를 만족시키는 수는 14, 15, 17, 18, 19의 5가지이다..
(3) 6304XX의 경우
끝 5, 6자리가 0X. 3X는 불가능하다. 결국 1X, 2X의 숫자만 가능한데 이를 만족시키는 수는 12, 15, 17, 18, 19, 21, 25, 27, 28, 29의 10가지이다.
(4) 6305XX의 경우
끝 5, 6자리가 0X. 3X는 불가능하다. 결국 1X, 2X의 숫자만 가능한데 이를 만족시키는 수는 12, 14, 17, 18, 19, 21, 24, 27, 28, 29 10가지이다.
(5) 6307XX의 경우
끝 5, 6자리가 0X. 3X는 불가능하다. 결국 1X, 2X의 숫자만 가능한데 이를 만족시키는 수는 12, 14, 15, 18, 19, 21, 24, 25, 28, 29의 10가지이다.
(6) 6308XX의 경우
끝 5, 6자리가 0X. 3X는 불가능하다. 결국 1X, 2X의 숫자만 가능한데 이를 만족시키는 수는 12, 14, 15, 17, 19, 21, 24, 25 27, 29의 10가지이다.
(7) 6309XX의 경우
끝 5, 6자리가 0X. 3X는 불가능하다. 결국 1X, 2X의 숫자만 가능한데 이를 만족시키는 수 12, 14, 15, 17, 18, 21, 24, 25, 27, 28의 10가지이다.
(8) 6310XX의 경우
끝 5, 6자리가 0X. 1X, 3X는 불가능하다. 결국 2X의 숫자만 가능한데 이를 만족시키는 수는 24, 25, 27, 28, 29의 5가지이다.
(9) 6312XX의 경우
끝 5, 6자리가 1X. 2X, 3X는 불가능하다. 결국 0X의 숫자만 가능한데 이를 만족시키는 수는 04, 05, 07, 08, 09의 5가지이다.
이를 세면 5+5+10+10+10+10+10+5+5=70가지이다.

89

정답 ②

- A컵의 농도 : $\frac{50\times0.15}{50+100}\times100=5\%$
- B컵의 농도 : $\frac{150\times0.15+300\times0.05}{150+300}\times100=10\%$

- C컵의 농도 : $\frac{25}{125+25} \times 100 = 20\%$,
- D컵의 농도 : $\frac{50 \times 0.04 + 50 \times 0.07}{50+50} \times 100 = 5.5\%$
- E컵의 농도 : $\frac{150 \times 0.1 + 50 \times 0.07}{150+50} \times 100 = 9.25\%$

cf) D컵과 E컵에서 각각 처음 소금물 50g씩을 섞었을 때의 소금물 농도

$\frac{50 \times 0.04 + 50 \times 0.1}{50+50} \times 100 = 7\%$

A < D < E < B < C 순서로 농도가 낮다.

90

정답 ②

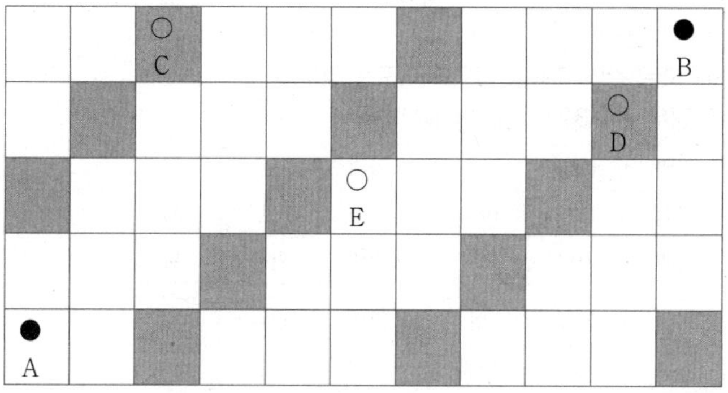

게임에서 승리하기 위해 반드시 점령해야하는 구간은 위의 음영된 부분과 같다.

91

정답 ①

첫 번째 시험의 합격자와 불합격자 수의 비가 3:8이므로, 첫 번째 시험의 학원생 전체의 평균은 71점이다.
두 번째 시험은 학원생 전체의 평균이 80점이며, 합격생 평균은 89점이다. 이때 합격자와 불합격자의 수의 비율은 2:1이므로, 불합격자의 평균은 62점이다.

92

정답 ①

멀리뛰기	오래달리기
丁(20점)	丙(15점)

주어진 조건에 따르면,
甲과 己는 서로 다른 종목에 참가했다. 따라서 남은 乙과 戊 또한 서로 다른 종목에 참가했다.
丙(15점) 〉 戊(10점)
乙 (25점)〉 丁(20점)
丙과 丁의 점수를 통해 戊는 10점, 乙은 25점을 받았음을 도출할 수 있다.
두 종목에 참가한 선수들이 받은 점수의 총합이 5점 차이 날 수 있는 경우는 다음과 같다.

1) 乙이 멀리뛰기, 戊가 오래달리기에 참가한 경우

멀리뛰기(55점)	오래달리기(50점)
丁(20점)	丙(15점)
乙(25점)	戊(10점)
己(10점)	甲(25점)

2) 乙이 오래달리기, 戊가 멀리뛰기에 참가한 경우

멀리뛰기(45점)	오래달리기(50점)
丁(20점)	丙(15점)
戊(10점)	乙(25점)
甲(15점)	己(10점)

멀리뛰기(55점)	오래달리기(50점)
丁(20점)	丙(15점)
戊(10점)	乙(25점)
甲(25점)	己(10점)

멀리뛰기(55점)	오래달리기(60점)
丁(20점)	丙(15점)
戊(10점)	乙(25점)
甲(25점)	己(20점)

93

정답 ④

1문단에서 상대습도는 현재 공기가 품고 있는 수증기량(단위, g/m^3)을 현재 온도에서 이 공기가 품을 수 있는 최대 수증기량인 포화수증기량(단위, g/m^3)으로 나눈 것을 백분율로 표시한 양임을 알 수 있고, 3문단에서 상대습도 = $\frac{\text{이슬점에서의 포화수증기량}}{\text{현재 온도의 포화수증기량}} \times 100$ (%) 임을 알 수 있으므로 이로부터 현재 공기가 품고 있는 수증기량은 이슬점에서의 포화수증기량과 동일함을 알 수 있다.

94

정답 ⑤

ㄱ. (○) 현재 습구 온도가 20。C이고 상대습도가 76%라면, 건구와 습구의 온도차는 3。C임을 알 수 있고, 4문단에 따를 때 습구 온도는 건구 온도 즉, 현재 공기의 온도보다 낮음을 알 수 있으므로, 현재 공기의 온도는 23。C이다.
ㄴ. (○) 현재 온도의 포화수증기량은 19.5 g/m^3 이고, 이슬점이 17。C 이므로 이슬점에서의 포화수증기량은 14.5 g/m^3 이다. 따라서 상대습도는 약 74.36% 이다.
ㄷ. (○) 현재 공기의 온도가 24。C이고, 상대습도가 70%라면 건구와 습구의 온도차가 4。C이므로, 습구의 온도는 20。C 임을 알 수 있다.

95

정답 ①

고른 4개의 숫자를 작은 순으로 a, b, c, d라고 한다.
작은 순으로 배열한 5개의 수는 abcd, abdc, acbd, acdb, adbc이고 abdc가 5의 배수이므로 c는 5이다.
이때 a와 b는 1에서 4까지의 어느 두 숫자가 되며, d는 6에서 9까지의 어느 하나의 숫자이므로 큰 순서로 배열한 5개의 수는 dcba, dcab dbca, dbac, dacb이고 dcab가 4로 나누어지지 않는 짝수이다. dcab를 dcab=100×dc + ab라고 적으면 ab가 4로 나누어지지 않는 짝수가 되어야 한다. a와 b는 모두 1에서 4까지의 어느 두 숫자이므로 이를 만족하는 수는 14와 34뿐이다. 따라서 b는 4로 확정되고, a는 1또는 3으로 결정된다.
다섯 번째로 작은 수와 다섯 번째로 큰 수의 차이는 dacb-adbc이고, 이 차이가 4,000에서 5,000 사이에 들어가기 위해서 d는 a보다 5만큼 큰 수가 되어야 한다. a가 1이면 d는 6, a가 3이면 d는 8이 된다. 따라서

그 중 가장 큰 네 자리의 수는 a가 3, d가 8일 때 8,543이다.

96

정답 ⑤

甲 또는 乙의 시속을 초속으로 바꾸면 10m/초 이다. 따라서 甲은 ⓔ에 32초에 도착하므로 32초부터 62초까지 ⓔ의 전등이 켜진다. 32초에 ⓐ의 방향을 향해서 출발한 乙은 ⓓ에 37초에 도착, ⓒ에 43초에 도착, ⓑ에 52초에 도착하고 다음 전등이 켜질 때까지 20초간 대기한다. 따라서ⓐ에는 84초에 도착한다.

甲이 출발한 시간을 기준으로 각 전등이 켜지는 시간을 정리하면 다음과 같다.

ⓐ	ⓑ	ⓒ	ⓓ	ⓔ
0−30	12−42	21−51	27−57	32−62

97

정답 ④

문제의 조건에 따라 각 학생들의 평가점수를 구하면 다음과 같다.

학생	내신환산 점수	비교과 평가점수			총합
		자원봉사시간 점수	대외수상 점수	리더십경험 점수	
가	279	90	90	459	459
나	291	90	100	−19	462
다	279	95	90		464
라	285	100	100	20	505
마	276	90	100		466
바	294	90	90	−18	456
사	288	60시간 미만으로 제외	100		

사 학생은 자원봉사시간이 60시간 미만이므로 추천대상이 되지 않아 추천되는 학생은 라, 마 학생이다.

98

정답 ②

i) 모든 칸의 내용을 가위로 바꾸는 경우

이 경우 총 12회의 행동이 필요하다. 예를 들어

가위	바위	보
가위	보	바위
바위	가위	보

가위	바위	보
가위	보	바위
바위	바위	보

가위	바위	보
가위	보	바위
바위	보	보

가위	바위	보
가위	보	바위
보	보	보

가위	보	보
가위	보	바위
보	보	보

가위	보	보
가위	보	보
보	보	보

이후 모든 보를 가위로 바꾸는 7회의 행동이 더 필요하다. 따라서 모든 칸의 내용을 바위로 바꾸는 데는 12회의 행동이 필요하다.

ii) 모든 칸의 내용을 보로 바꾸는 경우

이 경우 총 9회의 행동이 필요하다. 예를 들어

가위	바위	보
가위	보	바위
바위	가위	보

가위	바위	보
가위	보	바위
바위	바위	보

가위	바위	보
바위	보	바위
바위	바위	보

바위	바위	보
바위	보	바위
바위	바위	보

이후 모든 바위를 보로 바꾸는데 6회의 행동이 더 필요하다. 따라서 총 9회의 행동이 필요하다.

iii) 모든 칸의 내용을 바위로 바꾸는 경우

이 경우 총 13회의 행동이 필요하다.

가위	바위	보
가위	보	바위
바위	가위	보

가위	보	보
가위	보	바위
바위	가위	보

가위	가위	보
가위	보	바위
바위	가위	보

가위	가위	보
가위	가위	바위
바위	가위	보

가위	가위	가위
가위	가위	바위
바위	가위	보

가위	가위	가위
가위	가위	바위
바위	가위	가위

여기서 가위를 다 바위로 바꾸는 데 총 7회의 행동이 필요하다. 따라서 모든 칸의 내용을 바위로 바꾸는 데는 총 13회의 행동이 필요하다.

따라서 10회 안의 실행 안에 모든 칸의 내용을 '보'로 바꾸는 것이 가능하므로 선지 ②번은 옳지 않다.

99

정답 ②

서로 대진표 상 위치에 상관없이, 甲과 乙과 丙이 마주하게 될 확률은 동일할 것임을 추론할 수 있다. 따라서 홀로 다른 승률이 주어져 있는 丁이 최종 우승하는 경우의 확률을 전체에서 제외한 값을 3으로 나누면 된다.

丁은 대전 상대와 무관히 1라운드에서 승리할 확률 80% 그리고 2라운드에서 승리할 확률 80%이므로, 우승확률은 64%이다.

따라서 丁이 우승하지 못하는 36%의 확률은 동일한 비율로 甲 또는 乙 또는 丙이 우승할 확률이 된다. 따라서 36%÷3=12% 이다.

100

정답 ④

느린 버스의 속력을 1분당 x라고 하는 경우

빠른 버스의 속력은 1분당 $1.2x$가 된다.

셔틀버스의 운행 거리를 y라고 한다면, 아래와 같은 등식이 성립해야 한다.

$$\frac{y}{x}+30=\frac{y}{1.2x}+40+6$$

따라서 이를 만족시키는 $\frac{y}{x}$값은 96이다.

빠른 버스(작은 버스)가 차고지에서 출발한 후 다시 차고지로 들어오기까지 걸리는 시간은 $\frac{y}{1.2x}+6=86$(분) 이다.

03

미니 테스트

문 01

다음 글을 근거로 판단할 때, 다음 중 책을 올바르게 찾은 경우는?

> 도서관에 있는 책은 옆면에 각각의 이름표를 달고 있다. 숫자와 문자가 함께 사용돼 언뜻 복잡해 보이지만 원리를 알면 놀라움 그 자체다. 먼저 각 책장에는 앞자리가 비슷한 책이 한데 모여 있다. 특히 맨 앞자리 숫자는 지구상의 모든 자료를 0에서 9까지 10개의 '주류'로 나눈 것이다. 이들은 인류의 역사와 비슷한 구조를 갖추고 있다.
>
> ○○○은 태초의 인간과 자연이 혼돈에서 출발한다는 의미에서 특정 학문이나 주제에 속하지 않는 분야를 모았다. 100은 혼돈에서 질서를 찾기 위한 이성의 노력을 담은 철학을, 200에서는 유한한 인간이 절대적인 신을 숭배한다는 뜻에서 종교를 담았다. 300에는 인간이 가족과 사회, 국가를 형성하는 데 필요한 사회학을, 400에는 사회가 서로 소통하기 위해 필요한 언어학을 모았다.
>
> 500에는 생활에 필요한 과학적 지식인 자연과학을 담고, 600에는 지식이 기술로 발전된 기술과학을 담았다. 생활수준이 높아지면서 예술(700)이 나타나고, 정신을 풍요롭게 하는 문학(800)도 나타난다. 마지막으로 900에는 이 모든 것을 기록한 역사를 모았다.
>
> 이렇게 책을 나누는 방법은 1876년 미국의 멜빌 듀이(Melvil Dewey, 1851~1931)가 개발한 듀이십진분류법(DDC)이라고 한다. 듀이는 미국 애머스트칼리지의 도서관에서 일하면서 불편하게 느낀 점을 고쳐 새로운 분류법을 만들었다. 십진분류법이라는 말은 앞에서 주류를 10개로 나눈 것처럼 세부 분류도 다시 10개의 숫자로 분류하는 방식을 뜻한다. 현재 이 방법은 세계에서 가장 널리 쓰이고 있다.
>
> 우리나라에서는 듀이십진분류법을 우리나라의 실정에 맞게 재분류하여 한국십진분류법을 사용하고 있다. 기본적인 체계는 듀이십진분류법과 유사하지만, 한국십진분류법에서의 자연과학, 기술과학, 예술, 언어는 각각 듀이십진분류법상 언어, 자연과학, 기술과학, 예술에 해당하는 기호를 사용하고 있다. 나머지 분야의 기호는 듀이십진분류법의 기호와 동일하다.

① 甲은 듀이십진분류법을 사용하는 도서관에 가서 언어 서적을 700번대 기호에서 찾았다.
② 乙은 한국십진분류법을 사용하는 도서관에 가서 자연과학 서적을 500번대 기호에서 찾았다.
③ 丙은 한국십진분류법을 사용하는 도서관에 가서 예술 서적을 700번대 기호에서 찾았다.
④ 丁은 듀이십진분류법을 사용하는 도서관에 가서 기술과학 서적을 500번대 기호에서 찾았다.
⑤ 戊는 한국십진분류법을 사용하는 도서관에 가서 사회학 서적을 300번대 기호에서 찾았다.

문 02

다음 글을 근거로 판단할 때 옳은 것은?

> **제00조(혼인무효 및 이혼무효의 소의 제기권자)** 당사자, 법정대리인 또는 4촌 이내의 친족은 언제든지 혼인무효나 이혼무효의 소를 제기할 수 있다.
>
> **제00조(혼인무효·취소 및 이혼무효·취소의 소의 상대방)** ① 부부 중 어느 한쪽이 혼인의 무효나 취소 또는 이혼무효의 소를 제기할 때에는 배우자를 상대방으로 한다.
> ② 제3자가 제1항에 규정된 소를 제기할 때에는 부부를 상대방으로 하고, 부부 중 어느 한쪽이 사망한 경우에는 그 생존자를 상대방으로 한다.
> ③ 제1항과 제2항에 따라 상대방이 될 사람이 사망한 경우에는 검사를 상대방으로 한다.
> ④ 이혼취소의 소에 관하여는 제1항과 제3항을 준용한다.
>
> **제00조(친권자 지정 등에 관한 협의권고)** ① 가정법원은 미성년자인 자녀가 있는 부부의 혼인의 취소나 재판상 이혼의 청구를 심리할 때에는 그 청구가 인용될 경우를 대비하여 부모에게 다음 각 호의 사항에 관하여 미리 협의하도록 권고하여야 한다.
> 1. 미성년자인 자녀의 친권자로 지정될 사람
> 2. 미성년자인 자녀에 대한 양육과 면접교섭권
>
> **제00조(관할)** ① 친생부인, 인지의 무효나 취소 또는 아버지를 정하는 소는 자녀의 보통재판적이 있는 곳의 가정법원의 전속관할로 하고, 자녀가 사망한 경우에는 자녀의 마지막 주소지의 가정법원의 전속관할로 한다.
> ② 인지에 대한 이의(異議)의 소, 인지청구의 소 또는 친생자관계 존부 확인의 소는 상대방(상대방이 여러 명일 때에는 그중 1명)의 보통재판적이 있는 곳의 가정법원의 전속관할로 하고, 상대방이 모두 사망한 경우에는 그중 1명의 마지막 주소지의 가정법원의 전속관할로 한다.
>
> **제00조(아버지를 정하는 소의 당사자)** ① 아버지를 정하는 소는 자녀, 어머니, 어머니의 배우자 또는 어머니의 전(前) 배우자가 제기할 수 있다.
> ② 자녀가 제기하는 경우에는 어머니, 어머니의 배우자 및 어머니의 전 배우자를 상대방으로 하고, 어머니가 제기하는 경우에는 그 배우자 및 전 배우자를 상대방으로 한다.
> ③ 어머니의 배우자가 제기하는 경우에는 어머니 및 어머니의 전 배우자를 상대방으로 하고, 어머니의 전 배우자가 제기하는 경우에는 어머니 및 어머니의 배우자를 상대방으로 한다.
> ④ 제2항과 제3항의 경우에 상대방이 될 사람 중에 사망한 사람이 있을 때에는 생존자를 상대방으로 하고, 생존자가 없을 때에는 검사를 상대방으로 하여 소를 제기할 수 있다.

① 아버지를 정하는 소는 자녀의 전배우자가 제기할 수 있다.
② 혼인무효나 이혼무효의 소는 혼인과 이혼의 당사자에 한하여 제기할 수 있다.
③ 부부 중 어느 한쪽이 이혼취소의 소를 제기하려 하나, 상대방이 사망한 경우에는 검사를 상대방으로 한다.
④ 가정법원은 자녀에 대한 양육과 면접교섭권에 관하여 부부의 혼인 취소 청구가 인용되는 경우에 협의를 권고하여야 한다.
⑤ 친생부인의 소는 자녀의 보통재판적이 있는 곳의 가정법원의 전속관할로 하고, 자녀가 사망한 경우에는 아버지의 보통재판적이 있는 곳의 가정법원의 전속관할로 한다.

문 03

다음 글을 근거로 판단할 때, 〈보기〉에서 옳은 것만을 모두 고르면?

> ○ 甲국의 국회의원 선거에는 9명의 후보자 A, B, C, D, E, F, G, H, I가 출마하였고 이들 중 득표수가 많은 순서대로 4명이 당선되었다.
> ○ 甲국 선거인들 중 5명, (가), (나), (다), (라), (마)를 뽑아 그들의 투표 내용에 대하여 알아보았더니 아래 〈정보〉와 같았다.

〈정 보〉

(가) : A, B, C, D에 투표하였고, 그 중 2명이 당선 되었다.
(나) : B, C, E, I에 투표하였고, 그 중 1명이 당선 되었다.
(다) : B, C, G, H에 투표하였고, 그 중 1명이 당선 되었다.
(라) : D, E, F, I에 투표하였고, 그 중 2명이 당선 되었다.
(마) : E, F, G, H에 투표하였고, 그 중 2명이 당선 되었다.

〈보 기〉

ㄱ. A와 G가 함께 당선되는 경우가 있다.
ㄴ. G와 H가 함께 당선되는 경우가 있다.
ㄷ. B와 H가 함께 낙선되는 경우가 있다.

① ㄱ
② ㄴ
③ ㄱ, ㄷ
④ ㄴ, ㄷ
⑤ ㄱ, ㄴ, ㄷ

문 04

다음 〈표〉와 〈조건〉을 근거로 판단할 때, 다음 중 A의 체감온도가 두 번째로 높은 경우는?

〈표〉 날짜별 최고·최저온도 및 풍속

구분 \ 날짜	1월 2일	1월 3일	1월 4일	1월 5일	1월 6일
최고온도(℃)	4	6	6	7	5
최저온도(℃)	-11	-5	-1	-8	-18
풍속(m/s)	2.2	3.2	4.4	3.5	1.3

〈조 건〉

○ A의 체감온도를 구하는 방법은 다음과 같다.
- 체감온도(℃) = (0.4 × 최고온도) + (0.6 × 최저온도)

○ 앞서 구한 방법에 더해 1.3m/s를 기준으로 풍속이 1m/s씩 증가할 때마다 A의 체감온도가 1℃씩 하락한다. 예를 들어, 풍속이 2.2m/s인 경우 체감온도는 하락하지 않으며, 풍속이 2.8m/s인 경우 체감온도는 1℃ 하락한다.

○ A의 체감온도를 높이는 물건과 그에 따른 체감온도 상승분은 다음과 같다.
- 모자 : 3.5℃
- 내복 : 3.2℃
- 목도리 : 3℃
- 장갑 : 2℃
- 귀마개 : 1.7℃
- 수면양말 : 0.6℃

① 1월 2일에 목도리와 귀마개를 착용하고 외출한 경우
② 1월 3일에 수면양말을 착용하고 외출한 경우
③ 1월 4일에 내복을 착용하고 외출한 경우
④ 1월 5일에 모자와 장갑과 수면양말을 착용하고 외출한 경우
⑤ 1월 6일에 모자와 내복과 목도리를 착용하고 외출한 경우

문 05

다음 글을 근거로 판단할 때, 현재 아빠의 나이로 옳은 것은?

> A가족은 아빠, 엄마와 세 자녀로 구성되어 총 5명이다. 현재 가구 구성원의 나이를 개별적으로 알 수 없어 아래의 정보를 바탕으로 추론해야 한다.
> ○ 현재 5명의 가구 구성원의 나이를 모두 합하면 100이다.
> ○ 아빠와 엄마는 결혼 당시 각각 28세, 25세이었다.
> ○ 현재 첫째의 나이는 셋째의 나이보다 두 배 많다.
> ○ 엄마는 결혼 후 2년 뒤에 첫째를 출산하였다.

※ 나이를 계산할 때는 연나이로 계산한다. 즉 현재연도에서 출생연도를 뺀 나이이다.

① 40
② 41
③ 42
④ 43
⑤ 44

문 06

다음 글을 근거로 판단할 때, 비빔밥을 요리한 아버지의 자식이 가장 좋아하는 음식과, 파스타를 가장 좋아하는 학생의 아버지가 한 요리로 옳게 짝지은 것은?

> 甲, 乙, 丙, 丁, 戊 다섯 학생의 아버지는 모두 요리사이다. 학교 행사에서 아버지들은 떡볶이, 파스타, 치킨, 피자, 비빔밥 5개의 각기 다른 음식을 요리했다. 5명의 학생들은 5개의 음식 중 가장 좋아하는 음식이 하나씩 있다.
> ○ 어떤 학생도 자기 아버지가 요리한 음식을 가장 좋아하지 않는다.
> ○ 떡볶이를 요리한 아버지의 자식이 가장 좋아하는 음식은 戊의 아버지가 요리한 음식이다.
> ○ 戊는 파스타, 甲은 치킨, 乙은 피자를 가장 좋아한다.
> ○ 丁의 아버지는 치킨을 요리했다.
> ○ 파스타를 요리한 아버지의 자식인 丙은 비빔밥을 가장 좋아한다.

① 파스타, 비빔밥
② 치킨, 떡볶이
③ 치킨, 피자
④ 피자, 떡볶이
⑤ 피자, 비빔밥

문 07

다음 글을 근거로 판단할 때 옳은 것은?

> ○ UPS 화물기는 홍콩을 출발하여 인천과 앵커리지를 차례로 경유한 뒤 시카고 공항으로 편도 운행을 한다.
> ○ 홍콩은 시카고보다 14시간 빠르고, 인천은 홍콩보다 1시간 빠르며, 앵커리지는 시카고보다 4시간 느리다.
> ○ 경유시 각 공항에서 화물기가 머무는 시간, 즉 계류시간은 인천 2시간, 앵커리지 6시간이다.
> ○ 화물기는 홍콩시간으로 14일 08시에 홍콩에서 출발하였다.
> ○ 홍콩 - 인천은 3시간, 인천 - 앵커리지는 7시간, 앵커리지 - 시카고 간 운항에는 4시간이 소요된다.

① 시카고 시각으로 홍콩 출발시각은 13일 16시이다
② 인천 시각으로 시카고 도착시각은 15일 06시이다.
③ 홍콩 시각으로 앵커리지 도착시각은 13일 20시이다.
④ 인천 시각으로 앵커리지 출발시각은 15일 03시이다.
⑤ 앵커리지 시각으로 인천 출발시각은 13일 17시이다.

문 08

다음 글을 읽고 판단할 때, 한 팀의 가수만 공연한 날의 수로 옳은 것은?

> ○○시에서 이번 달 10일부터 19일까지 열리는 맥주 축제에서 10cm, 옥상달빛, 데이브레이크, 소란 총 4팀의 가수가 특별 초대공연을 한다. 이때, 각 팀은 4일 연속으로 공연하며, 이들의 공연 일정에 관하여 아래의 사실들이 알려져 있다고 한다.
> ○ 10cm와 옥상달빛 두 팀이 같이 공연을 한 날은 총 3일이다.
> ○ 옥상달빛과 데이브레이크 두 팀이 같이 공연을 한 날은 총 3일이다.
> ○ 10cm와 소란은 같은 날 공연을 한 적이 없다.
> ○ 16일에는 두 팀이 공연을 했다.
> ○ 10일에는 적어도 한 팀이 공연을 했다.

① 1일
② 2일
③ 3일
④ 4일
⑤ 5일

문 09

다음 〈그림〉의 도시들을 〈조건〉에 따라 색칠하려고 할 때, 필요한 페인트의 최소 색 수로 옳은 것은?

〈조 건〉

○ 변과 변이 접하는 것은 이웃하는 것이다. 예를 들어 그림에서 A는 B, C, D와 이웃한다.

○ 경계선을 따라 이웃하고 있는 도시들은 같은 색깔로 칠할 수 없다.

〈그림〉

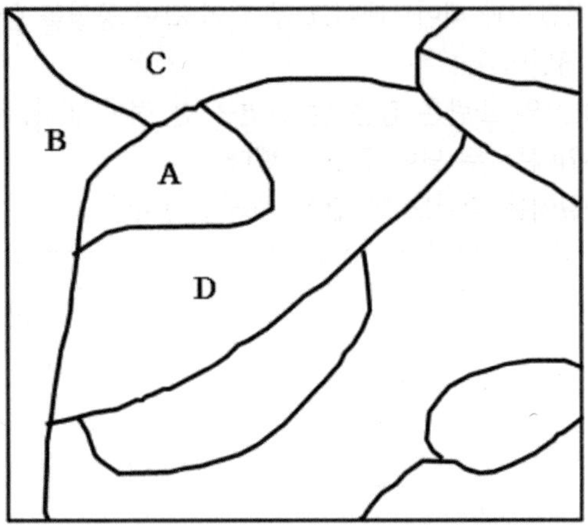

① 2개
② 3개
③ 4개
④ 5개
⑤ 6개

문 10

다음 글을 근거로 판단할 때, 암호문 끝부분 몇 개의 알파벳 또는 숫자가 지워져 있는 최종적인 암호문 "0E6J6AJ915EA9J…" 를 해독한 내용으로 가능한 것은?

다음과 같이 한글 문자를 숫자 또는 알파벳로 바꾸는 규칙이 있다.

ㄱ	ㄴ	ㄷ	ㄹ	ㅁ	ㅂ	ㅅ	ㅇ	ㅈ	ㅊ	ㅋ	ㅌ	ㅍ	ㅎ
1	2	3	4	5	6	7	8	9	10	11	12	13	14

ㅏ	ㅑ	ㅓ	ㅕ	ㅗ	ㅛ	ㅜ	ㅠ	ㅡ	ㅣ
A	B	C	D	E	F	G	H	I	J

자음끼리는 합해서 새로운 쌍자음을 만들 수 있으며, 모음끼리 합해서 새로운 모음을 만들 수도 있다. 예를 들어 8 A 2 9 3 A는 ㅇㅏㄴㅈㄷㅏ '앉다'를 의미하며, 8 A J 1 J는 ㅇㅏㅣㄱㅣ '애기'를 의미한다.

그러나 이상에 제시된 규칙 외에 암호 규칙이 하나 더 추가되었다. 새로운 규칙은 이상의 규칙을 통해 생성된 암호에 짝수는 1을 더하고 홀수는 1을 빼며, 알파벳은 그대로 두어 최종적인 암호를 완성한다.

① 고시는헬파티
② 고시는힘든길
③ 고시생화이팅
④ 고시생행복하자
⑤ 고시생행복파티

문 11

다음 글을 근거로 판단할 때, 〈보기〉에서 옳은 것만을 모두 고르면?

> 13시 정각에 만나기로 약속한 4명(A ~ D)은 A의 시계로 11시 정각에 각자의 차로 일제히 목적지를 향하여 출발하였다. A는 자신의 시계로 13시 5분에 도착하고, B는 자신의 시계로 12시 57분에 도착하였다. C는 시계를 가지고 있지 않았지만 A 또는 B보다 3분 늦었다. D는 출발 시시간으로부터 정확히 2시간 만에 도착하였다는 것을 알 수 있었다. 정확한 시계에 비해 A의 시계는 3분 늦고 B의 시계는 5분 빠르며, 정확한 시계 기준으로 약속 시간인 13시 정각보다 늦게 도착한 차는 총 2대였다. (단 모든 시계 및 초시계의 작동속도는 일정하다.)

〈보 기〉

ㄱ. A는 정확한 시계로 13시 2분에 도착하였다.
ㄴ. B는 1시간 49분 만에 도착하였다.
ㄷ. C는 D보다 8분 늦게 도착하였다.
ㄹ. D는 정확한 시계로 약속 시간 이후에 도착하였다.

① ㄱ, ㄷ
② ㄴ, ㄷ
③ ㄴ, ㄹ
④ ㄱ, ㄴ, ㄹ
⑤ ㄴ, ㄷ, ㄹ

문 12

다음 글을 근거로 판단할 때, 甲이 두 사람을 만나 질문한 시간대와 남자와 여자의 소속 부족으로 옳은 것은?

> 甲은 배가 난파되어 어느 섬에 도착하게 되었다. 이 섬에는 으바바 부족과 우가가 부족이 살고 있다. 두 부족 중 한 부족은 남자로만 구성되어 있으며 다른 한 부족은 여자로만 구성되어 있다. 그러나 甲은 어떤 부족이 어떤 성별로 구성되어 있는지 모른다.
>
> 이 섬에 사는 두 부족은 특이한 점이 있다. 으바바 부족은 오전에는 참말을 하고 오후에는 거짓말을 하며, 반대로 우가가 부족은 오전에는 거짓말을 하고 오후에는 참말을 한다. 단, 12시 정오에는 두 사람 모두 참말을 한다.
>
> 甲은 이 섬에서 성별이 다른 두 사람을 만나 질문을 했다. 甲이 "당신은 우가가 부족입니까?"라고 물었더니 두 사람 모두 "예."라고 대답했다. 그 다음 甲이 "지금은 오후입니까?"라고 물었더니 남자는 "예."라고 대답하였고 여자는 "아니오."라고 대답했다.

	시간대	남자	여자
①	오전	으바바	우가가
②	오전	우가가	으바바
③	오후	으바바	우가가
④	오후	우가가	으바바
⑤	정오	으바바	우가가

문 13

다음 글을 근거로 판단할 때, 〈보기〉에서 옳은 것만을 모두 고르면?

대관람차는 놀이 기구의 한 종류로서, 거대한 바퀴 둘레에 작은 방 여러 개가 매달려 있는 형태이며, 바퀴의 회전에 따라 먼 곳을 바라볼 수 있도록 만들어졌다.

대관람차라는 명칭은 대한민국의 국립국어원에서 신어로 지정한 단어이다. 이 기구가 처음 만들어진 미국에서는 발명가의 이름을 따서 대부분 페리스 휠(Ferris Wheel)이라 불리고 있으며, 대한민국에서는 "페리스 휠"이라는 단어를 외래어로 사용하기도 한다. 그러나 오래전 우리나라의 용인 자연농원의 "우주 관람차"가 가장 많이 알려진 덕분에 우리나라에서는 "우주 관람차"란 단어가 대관람차의 일반 명사로 불리기도 했다.

"시카고 휠(Chicago Wheel)"로 불리기도 하는 오리지널 페리스 휠(Ferris Wheel)은 1893년, 미국 시카고에서 열린 세계 박람회를 상징하는 80.4 미터짜리 대형 건축물로 만들어졌다. 시카고 박람회보다 앞서 개최된, 1889년 프랑스 파리 박람회의 상징인 에펠 탑을 의식한 점도 있었다. 건축가 조지 워싱턴 게일 페리스 주니어가 건축 디자인을 함으로써 건축물 이름도 건축가의 이름을 따서 페리스 휠이라 지어졌다. 100여 년의 세월이 흐르면서 페리스 휠은 세계 대부분의 나라, 도시에 지어졌으며, 그 명칭 또한 일반 명사화되었다. 대관람차는 우리나라의 용인 자연농원에도 역시 지어졌으나, 현재는 운영하지 않고 있는 상태이다.

대표적인 대관람차 중 하나인 런던 아이(London Eye)는 영국 런던 템즈 강변에 위치한 대형 대관람차를 말한다. 높이가 135m(443 피트)에 달하고, 유럽에서 가장 높은 대관람차이다. 또한 영국의 관광지에서 가장 유명한 장소 중 하나로 꼽히며, 매년 350만여 명의 관광객이 방문한다. 2011년 1월 20일부터 EDF 에너지 회사가 런던 아이를 3년 동안 공식 스폰서로 후원하기 시작한 것으로 알려져 있다. 2015년 1월 코카콜라가 런던 아이의 스폰서가 되기도 하였다.

런던 아이는 공사가 마무리된 1999년부터 세계에서 가장 높은 대관람차였고, 2006년 중국에 지어진 160m의 난창지싱, 그리고 2008년 싱가포르에 지어진 165m의 싱가포르 플라이어에게 자리를 빼앗길 때까지 그 기록을 유지했다.

〈보 기〉

ㄱ. 우리나라 용인 자연농원의 "우주 관람차"는 현재 운영하고 있지 않다.
ㄴ. EDF 에너지 회사와 코카콜라는 런던 아이의 건설 공사를 후원하였다.
ㄷ. 런던 아이의 높이보다 싱가포르 플라이어의 높이가 100피트 이상 더 높다.

① ㄱ ② ㄴ ③ ㄱ, ㄷ
④ ㄴ, ㄷ ⑤ ㄱ, ㄴ, ㄷ

문 14

다음 글과 〈진술〉을 근거로 판단할 때, 각 팀의 여자주인공으로 바르게 나열된 것은?

다양한 공연을 기획하는 甲 동아리에는 영화팀, 뮤지컬팀, 연극팀, 드라마팀 총 4개의 팀이 있다. 남자 4명(명철, 준영, 종민, 영우), 여자 4명(영희, 진희, 나라, 미영)의 배우들은 팀별로 각 남자 1명, 여자 1명씩 투입되어 주인공 역할을 맡게 된다.

〈진 술〉

○ 영화팀 주인공 2명의 이름에는 '영'자가 들어간다.
○ 뮤지컬팀의 여자 주인공은 영희가 아니다.
○ 연극팀의 남자 주인공은 영우이며, 여자 주인공은 진희가 아니다.
○ 드라마팀의 여자 주인공은 나라도 아니고, 미영이도 아니다.
○ 종민이가 남자주인공인 팀의 여자 주인공은 영희이다.

	영화	뮤지컬	연극	드라마
①	영희	미영	나라	진희
②	영희	진희	나라	미영
③	미영	나라	영희	진희
④	미영	진희	나라	영희
⑤	미영	영희	나라	진희

문 15

다음 글에 근거할 때, 〈보기〉에서 옳은 것만을 모두 고르면?

「한국 전통문화의 이해」라는 교양 수업을 듣고 있는 다섯 명의 학생 甲, 乙, 丙, 丁, 戊는 수업 시간에 5지 선다 객관식 퀴즈를 쳤고 학생들은 답안지는 다음과 같다. 단, - 표시는 아무런 답을 기입하지 않은 것을 의미하며, 틀린 것으로 간주한다.

甲	
1번	①
2번	③
3번	⑤
4번	③
5번	②

乙	
1번	①
2번	④
3번	⑤
4번	③
5번	②

丙	
1번	②
2번	③
3번	⑤
4번	③
5번	-

丁	
1번	②
2번	③
3번	①
4번	⑤
5번	②

戊	
1번	②
2번	④
3번	②
4번	④
5번	-

이 때, 5명의 퀴즈 채점 결과와 관련하여 다음과 같은 사실이 알려져 있다.

○ 甲은 乙보다 점수가 높다.
○ 丙은 乙보다 점수가 낮다.

〈보 기〉

ㄱ. 戊의 점수는 丁의 점수보다 낮거나 같다.
ㄴ. 丁이 3번과 4번 문제의 답을 맞췄다면, 丁은 5명 중 가장 높은 점수를 획득하였다.
ㄷ. 만약 알려진 사실과 달리 丙의 점수가 乙의 점수보다 높고 丁과 戊의 점수가 같다면, 5번 문제의 정답은 ② 번이다.

① ㄱ
② ㄷ
③ ㄱ, ㄴ
④ ㄴ, ㄷ
⑤ ㄱ, ㄴ, ㄷ

문 16

다음 글과 〈표〉를 근거로 판단할 때, A병실의 입원환자들 중 발목 회복이 가장 늦게 되는 사람은?

○ 발목 손상의 정도는 0부터 100까지로 나타낼 수 있으며, 사람은 평균적으로 매주 손상의 25%를 회복한다. 즉, 20만큼 발목이 손상된 사람은 그 다음주에는 5(= 20×0.25)만큼 손상이 회복되므로 발목 손상의 정도가 15(=20-5)가 되고, 그 다음주에는 3.75(=15×0.25) 만큼 회복되어 11.25가 된다.
○ 발목 손상 정도가 6 미만이 되었을 때 발목이 회복된 것으로 본다.
○ 사람의 매주 발목 회복의 정도(25%)는 나이에 따라 가감되는데, 20세 이하 청소년은 매주 5%p 더 회복되고, 60세 이상 고령자는 매주 5%p 덜 회복된다.
○ 단, 과거 발목 수술 경험이 있는 사람은 나이와 상관없이 매주 발목 회복의 정도가 20%로 줄어든다.

〈표〉 A병실의 입원환자 현황

이름	나이	현재 발목 손상 정도	과거 발목 수술 경험
범근	69세	15	○
흥민	28세	28	×
강인	18세	30	×
승우	20세	18	○
성용	33세	25	×

① 범근
② 흥민
③ 강인
④ 승우
⑤ 성용

문 17

다음 글을 근거로 판단할 때, A~E 중 2020년 2월 A등급 좌석에 앉게 되는 학생은?

甲 관리형 독서실은 출석률을 높이기 위해 2020년 1월부터 벌점을 부과하여 좌석 강등 제도를 시행하고 있다. 좌석등급은 프리미엄, S, A, B, C, D, F로 구분되며 프리미엄이 가장 높은 등급, F가 가장 낮은 등급이다. 등급별로는 책상의 크기와, 백색소음기의 설치여부 등에 차이가 있다. 좌석 강등 제도는 월별로 출석체크를 실시하여 지각과 결석 횟수에 따른 벌점을 통해 기존의 좌석에서 낮은 등급 좌석으로 다음 달부터 배치 변경되는 것이다. 이를 위해 매일 학생별로 지각 및 결석 횟수를 확인하여 벌점을 부과한다. 2020년 1월 한 달 동안 학생들 5명(A~E)에 대한 출석체크 횟수는 1인당 100회로 동일하며 1월 5명의 좌석은 모두 프리미엄석이다.

○ 지각은 1회당 10점, 결석은 1회당 20점씩 벌점을 부과한다.
○ 지난 달 모의고사 성적 종합순위 1등 및 2등 학생의 경우, 합산한 벌점에서 80점을 차감하여 월별 최종 벌점을 계산한다.
○ 좌석 강등 대상은 월별 최종 벌점이 400점 이상인 동시에 월별 벌점 획득률이 30% 이상인 학생이다.
○ 좌석 강등 대상에 해당하는 경우 즉시 다음 달부터 한 등급 강등되며, 벌점 400점을 초과하는 경우 매 20점마다 한 등급씩 더 강등된다.

※ 1) 벌점 획득률(%) = $\frac{\text{벌점 부과 횟수}}{\text{출석체크 횟수}} \times 100$

2) 벌점 부과 횟수 = 지각 횟수 + 결석 횟수

〈A독서실 출석 자료〉

(2020. 1. 1. ~ 2020. 1. 31.)

학생	지각 횟수	결석 횟수	지난 달 모의고사 성적 종합순위
甲	5	20	3등
乙	10	20	4등
丙	15	15	1등
丁	20	10	5등
戊	30	10	2등

① 甲
② 乙
③ 丙
④ 丁
⑤ 戊

문 18

다음 글을 근거로 판단할 때 고장난 단축키 기능은?

○○워드프로세서는 다양한 단축키 기능을 제공한다. 甲은 ○○워드프로세서를 사용하던 도중 특정 단축키 기능이 작동하지 않는다는 것을 알게 되었다. 고장난 것으로 생각되는 단축키 기능은 다음 중 하나이다.

〈○○워드프로세서 단축키 목록〉

L	Alt	Alt+L
표 테두리 속성	메뉴바 단축키 표시	글자모양
Alt+Shift+L	Ctrl+L	Ctrl+Shift+L
매크로 실행	다시 찾기	문단 왼쪽 정렬

甲은 고장의 원인이 소프트웨어적 문제인지 키보드의 문제인지 알 수 없어 키보드의 키가 제대로 작동하는지 전문가에게 의뢰를 맡겼다. 그 후 전문가가 보내온 소견은 아래와 같다.

〈소견서〉

의뢰한 키보드의 전기신호 발생 여부를 조사해 본 결과 다음과 같은 수식에 따라 작동하는 것을 밝혀내었습니다.

~~A~~·~~S~~·L+A·~~C~~·L+A·~~S~~·~~C~~·~~L~~

○ Alt 키를 입력한 경우 : A에 1을 대입, ~~A~~에 0을 대입
○ Alt 키를 입력하지 않은 경우 : A에 0을 대입, ~~A~~에 1을 대입
○ Shift 키를 입력한 경우 : S에 1을 대입, ~~S~~에 0을 대입
○ Shift 키를 입력하지 않은 경우 : S에 0을 대입, ~~S~~에 1을 대입
○ Ctrl 키를 입력한 경우 : C에 1을 대입, ~~C~~에 0을 대입
○ Ctrl 키를 입력하지 않은 경우 : C에 0을 대입, ~~C~~에 1을 대입
○ L 키를 입력한 경우 : L에 1을 대입, ~~L~~에 0을 대입
○ L 키를 입력하지 않은 경우 : L에 0을 대입, ~~L~~에 1을 대입

수식의 결과가 1이 나오면 해당 기능이 정상적으로 작동하는 것이고 0이 나오면 해당 기능이 작동하지 않는 것입니다. 예를 들어 당신이 Alt 키를 입력하였다면

0·1·0+1·1·0+1·1·1·1=1

이므로 메뉴바 단축키 표시 기능은 정상적으로 작동하는 것입니다.

※ 단축키 목록에서 키와 키 사이의 '+'는 해당 키들을 동시에 입력한다는 의미이다.

① 표 테두리 속성
② 글자 모양
③ 매크로 실행
④ 다시 찾기
⑤ 문단 왼쪽 정렬

※ 다음 글을 읽고 물음에 답하시오. [문 19. ~ 문 20.]

제00조 ① 국가나 지방자치단체는 국공립어린이집을 설치·운영할 수 있다. 이때 국가나 지방자치단체가 국공립어린이집을 설치하고자 하는 경우 지방보육정책위원회의 심의를 거쳐야 한다.
② 국공립어린이집 외의 어린이집을 설치·운영하려는 자는 특별자치도지사·시장·군수·구청장의 인가를 받아야 한다. 인가받은 사항 중 중요 사항을 변경하려는 경우에도 또한 같다.
③ 제2항에 따라 어린이집의 설치인가를 받은 자는 어린이집 방문자 등이 볼 수 있는 곳에 어린이집 인가증을 게시하여야 한다.
제00조 어린이집에 두어야 하는 보육교직원과 그 수는 다음 각호에 규정된 바와 같다.
1. 어린이집의 원장 1명. 다만, 영유아 20명 이하를 보육하는 어린이집은 어린이집의 원장이 보육교사를 겸임할 수 있다.
2. 보육교사. 보육교사는 다음의 구분에 따라 배치되어야 하며, 한 명의 보육교사는 하나의 구분에만 배치된다. 또한 각 구분에 규정된 영유아 수를 초과할 때마다 보육교사를 1명씩 증원한다. 이 외에 보육교사의 업무부담을 경감할 수 있도록 보조교사 등을 둘 수 있다.
   가. 만 1세 미만의 영유아 3명당 1명
   나. 만 1세 이상 만 2세 미만의 영유아 5명당 1명
   다. 만 2세 이상 만 3세 미만의 영유아 7명당 1명
   라. 만 3세 이상 만 4세 미만의 영유아 15명당 1명
   마. 만 4세 이상 미취학 영유아 20명당 1명. 또한 영유아가 40명 이상이라면 40명당 1명은 보육교사 1급 자격을 가진 사람이어야 한다.
   바. 취학아동 20명당 1명
   사. 장애아 보육은 장애아 3명당 1명. 또한 장애아가 9명 이상일 경우 9명당 1명은 특수교사 자격소지자로 한다.
3. 간호사. 영유아 100명 이상을 보육하는 어린이집의 경우 간호사(간호조무사를 포함한다. 이하 같다) 1명을 두어야 한다.
4. 영양사. 영유아 100명 이상을 보육하는 어린이집의 경우에 영양사 1명을 두는 것을 원칙으로 하되, 어린이집 단독으로 영양사를 두는 것이 곤란한 경우에는 같은 시·군·구의 5개 이내 어린이집이 공동으로 영양사를 둘 수 있다.
5. 조리원. 영유아 40명 이상 80명 이하를 보육하는 어린이집의 경우 조리원 1명을 두며, 영유아가 80명을 초과할 때마다 1명씩 증원한다.
6. 그 밖의 보육교직원. 어린이집의 규모와 특성에 따라 의사(또는 촉탁의사), 사회복지사, 사무원, 관리인, 위생원, 운전기사, 치료사 등의 보육교직원을 둘 수 있다.
7. 어린이집의 원장이 간호사 또는 영양사 자격이 있는 경우에는 간호사 또는 영양사를 겸임하게 할 수 있다.

※ 단, 영유아란 6세 미만의 취학 전 아동을 말한다.

문 19

윗글을 근거로 판단할 때 옳은 것은?

① 국가나 지방자치단체가 국공립어린이집 운영의 중요 사항을 변경하려는 경우 지방보육정책위원회의 심의를 거쳐야 한다.
② 국공립 어린이집을 운영하는 자는 어린이집 방문자 등이 볼 수 있는 곳에 어린이집 인가증을 게시하여야 한다.
③ 장애아를 보육하는 어린이집은 반드시 특수교사 자격을 소지한 보육교사를 두어야 한다.
④ 원장은 경우에 따라 보육교사 또는 간호사를 겸임할 수 있다.
⑤ 장애아가 6명 있는 어린이집의 경우 2명의 보조교사를 두어야 한다.

문 20

윗글을 근거로 다음의 〈상황〉에 대하여 판단할 때, 새로 산정한 A어린이집의 총 보육교사 수와 조리원 수의 합으로 옳은 것은?
(단, A어린이집은 규정을 준수하는 최소 인원만을 고용한다.)

〈상 황〉

A어린이집에서 현재 보육하고 있는 아동의 나이와 수는 아래 표와 같다. 그런데 만 1세 미만의 영유아 2명, 만 1세의 영유아 3명과 만 3세의 영유아 1명이 새로 들어오기로 하여 보육교직원을 다시 산정·배치하고자 한다.

〈현재 A어린이집에서 보육하고 있는 아동〉

보육 아동 연령	수(명)
만 1세 미만	6
만 1세 이상 만 2세 미만	13
만 2세 이상 만 3세 미만	21
만 3세 이상 만 4세 미만	29
만 4세 이상 미취학	0
취학아동	10

① 12
② 14
③ 16
④ 18
⑤ 20

04

미니 테스트 정답과 해설

PART 04 | MINI TEST

01	02	03	04	05	06	07	08	09	10
⑤	③	③	③	①	③	④	③	③	③
11	**12**	**13**	**14**	**15**	**16**	**17**	**18**	**19**	**20**
③	④	①	④	③	②	⑤	⑤	④	②

01

정답 ⑤

① (×) 2문단에 의하면 듀이십진분류법에 의하면 언어는 400번대에서 찾을 수 있다.
② (×) 5문단에 의하면 한국십진분류법을 사용하면 자연과학은 듀이십진분류법상 언어에 해당하는 기호를 사용하므로 400번대에서 찾을 수 있다.
③ (×) 5문단에 의하면 한국십진분류법을 사용하면 예술은 기술과학에 해당하는 기호를 사용하므로 600번대에서 찾을 수 있다.
④ (×) 3문단에 의하면 듀이십진분류법에 의하면 기술과학은 600번대에서 찾을 수 있다.
⑤ (○) 5문단에 의하면, 자연과학, 기술과학, 예술, 언어 분야를 제외한 나머지 분야의 서적은 듀이십진분류법과 한국십진분류법상 기호가 같다. 따라서 사회학 서적은 어느 분류법을 따르든 300번대에서 찾을 수 있다.

02

정답 ③

① (×) 제00조(아버지를 정하는 소의 당사자) 제1항에 따르면 아버지를 정하는 소는 자녀, 어머니, 어머니의 배우자 또는 어머니의 전배우자가 제기할 수 있다.
② (×) 제00조(혼인무효 및 이혼무효의 제기권자)에 따르면 당사자, 법정대리인 또는 4촌 이내의 친족은 언제든지 혼인무효나 이혼무효의 소를 제기할 수 있다.
③ (○) 제00조(혼인무효·취소 및 이혼무효·취소의 소의 상대방)제3항에 따르면 부부 중 어느 한쪽이 혼인의 무효나 취소 또는 이혼무효의 소를 제기할 때는 배우자를 상대방으로 하나, 상대방 될 사람이 사망한 경우에는 검사를 상대방으로 한다.
④ (×) 제00조(친권자의 지정 등에 관한 협의 권고) 제1항에 따르면 가정법원은 미성년자인 자녀가 있는 부부의 혼인의 취소나 재판상 이혼의 청구를 심리할 때에는 그 청구가 인용될 경우를 대비하여 부모에게 다음 각 호의 사항에 관하여 미리 협의하도록 권고하여야 한다.
⑤ (×) 제00조(관할)에 따르면 친생부인의 소는 자녀의 보통재판적이 있는 곳의 가정법원의 전속관할로 하고, 자녀가 사망한 경우에는 자녀의 마지막 주소지의 가정법원의 전속관할로 한다.

03

정답 ③

(가)와 (마)를 통해 I는 어떤 일이 있어도 당선되지 않은 사람이라는 것을 알 수 있고, 다음으로 (다)와 (라)를 통해 A는 반드시 당선되는 사람이라는 것을 알 수 있다.
ㄱ. (○) A는 어떤 경우에도 반드시 당선된다. 이 때 G가 함께 당선되는 경우도 존재한다.
ㄴ. (×) (다)를 통해 G와 H 두 사람이 함께 당선되는 경우는 없다는 것을 알 수 있다.
ㄷ. (○) B와 H가 함께 낙선되는 경우가 존재한다.

04

정답 ③

① (0.4×4)+(0.6×(−11))=−5에 풍속이 2.2m/s이므로 1.3m/s에 비해 1m/s 이내로 증가하여 체감온도는 −5℃이다. 이때 목도리와 귀마개를 착용하였으므로 체감온도는 −0.3℃가 된다.
② (0.4×6)+(0.6×(−5))=−0.6에 풍속이 3.2 m/s이므로 1.3m/s에 비해 1m/s 이상 2m/s 이내로 증가하여 체감온도는 −1.6℃이다. 이때 수면양말을 착용하였으므로 체감온도는 −1℃가 된다.
③ (0.4×6)+(0.6×(−1))=1.8에 풍속이 4.4m/s이므로 1.3m/s에 비해 3m/s 이상 4m/s 이내로 증가하여 체감온도는 −1.2℃이다. 이때 내복을 착용하였으므로 체감온도는 2℃가 된다.
④ (0.4×7)+(0.6×(−8))=−2에 풍속이 3.5m/s이므로 1.3m/s에 비해 2m/s 이상 3m/s 이내로 증가하여 체감온도는 −4℃이다. 이때 모자와 장갑과 수면양말을 착용하였으므로 체감온도는 2.1℃가 된다.
⑤ (0.4×5)+(0.6×(−18))=−8.8에 풍속이 1.3m/s이므로 체감온도는 −8.8℃이다. 이때 모자와 내복과 목도리를 착용하였으므로 체감온도는 0.9℃가 된다.

05

정답 ①

주어진 내용을 아래와 같이 정리할 수 있다.
현재 각 구성원의 나이가 아빠=A 엄마=B 첫째=C 둘째=D 셋째=E 라면,
(1) 현재 5명의 가구 구성원의 나이를 모두 합하면 100이다.
→ A+B+C+D+E=100
(2) 아빠와 엄마는 결혼 당시 각각 28세, 25세이었다.
→ A−B=3
(3) 현재 첫째의 나이는 셋째의 나이보다 두 배 많다.
→ C=2E
(4) 엄마는 결혼 후 2년 뒤에 첫째를 출산하였다.
→ B=25+2+C
D를 제외하고 C에 대해 식을 정리하면
A=30+C, B=27+C, E=1/2C가 된다.
위 식들을 (1)에 대입하면
57+3.5C+D=100 이므로
3.5C+D=43이 도출된다. 이때 첫째와 둘째와 셋째를 C,D,E로 두었으므로 C>D>E여야 한다.
C는 짝수이므로 4,6,8,10,12 등을 차례로 대입하면
C>D>E의 부등식을 만족하는 것은 C=10만이 가능하다.
따라서 아빠의 나이 A=40이다.

06

정답 ③

문제에 주어진 조건을 통해 확정적인 정보를 채우고나면

선호	x
아버지	떡볶이

와 아래와 같은 표가 도출된다.

	甲	乙	丙	丁	戊
선호	치킨	피자	비빔밥		파스타
아버지			파스타	치킨	x

丁이 좋아하는 음식은 떡볶이이다.

	甲	乙	丙	丁	戊
선호	치킨	피자	비빔밥	떡볶이	파스타
아버지			파스타	치킨	x

또한 x로 가능한 음식은 피자뿐이므로 아래와 같이 표를 채울 수 있다.

	甲	乙	丙	丁	戊
선호	치킨	피자	비빔밥	떡볶이	파스타
아버지	비빔밥	떡볶이	파스타	치킨	피자

07

정답 ④

주어진 정보를 홍콩시간으로 정리하면 아래와 같다.

홍콩	→ (3h)	인천	→ (7h)	앵커리지	→ (4h)	시카고
		(2h)		(6h)		
14일 08시	→	14일 11시				
		14일 13시	→	14일 20시		
				15일 02시	→	15일 06시

① (×) 홍콩 시각으로 홍콩 출발시각은 14이 08시이다. 홍콩은 시카고보다 14시간 빠르므로, 시카고 시각으로 13일 18시이다.

② (×) 홍콩 시각으로 시카고 도착시각은 15일 06시이다. 인천은 홍콩보다 1시간 빠르므로 인천 시각으로 15일 07시이다.

③ (×) 홍콩 시각으로 앵커리지 도착시각은 14일 20시이다.

④ (○) 홍콩 시각으로 앵커리지 출발 시각은 15일 02시이다. 인천은 홍콩보다 1시간 빠르므로 인천 시각으로 앵커리지 출발 시각은 15일 03시이다.

⑤ (×) 홍콩 시각으로 인천 출발시각은 14일 13시이다. 앵커리지는 홍콩보다 18시간 느리다. 앵커리지 시각으로 인천 출발시각은 13일 19시이다.

08

정답 ③

주어진 조건을 다음과 같다.

- 초대 가수 : 10cm, 옥상달빛, 데이브레이크, 소란
- 각 팀은 4일 연속으로 공연함
- 10cm와 옥상달빛 두 팀이 같이 공연을 한 날은 총 3일이다.

10	10	10	10	
	옥	옥	옥	옥

또는

	10	10	10	10
옥	옥	옥	옥	

- 옥상달빛과 데이브레이크 두 팀이 같이 공연을 한 날은 총 3일이다.

옥	옥	옥	옥	
	데	데	데	데

또는

	옥	옥	옥	옥
데	데	데	데	

→ 두 조건을 합치면 다음과 같은 상황이 가능하다.

10	10	10	10			
	옥	옥	옥	옥		
		데	데	데	데	

	10	10	10	10		
		옥	옥	옥	옥	
	데	데	데	데		

		10	10	10	10	
	옥	옥	옥	옥		
		데	데	데	데	

			10	10	10	10
		옥	옥	옥	옥	
	데	데	데	데		

- 10cm와 소란은 같은 날 공연을 한 적이 없다.

→ 나머지 조건이 확정되어야할 쓰일 수 있을 것이다.

- 16일에는 두 팀이 공연을 했다.

→ 가능한 경우는 다음과 같다.

10	11	12	13	14	15	16	17	18	19
			10	10	10	10			
				옥	옥	옥	옥		
					데	데	데	데	

10	11	12	13	14	15	16	17	18	19
				10	10	10	10		
			옥	옥	옥	옥			
		데	데	데	데				

10	11	12	13	14	15	16	17	18	19
			10	10	10	10			
		옥	옥	옥	옥				
			데	데	데	데			

다만 이 경우 위의 첫 번째 그림과 세 번째 그림은 소란 팀이 '각 팀은 4일 연속으로 공연함'을 충족하지 못하게 된다.

- 10일에는 적어도 한 팀이 공연을 했다.

→ 소란이 10일부터 공연하게 되면 이 조건은 충족 가능하다.

10	11	12	13	14	15	16	17	18	19
				10	10	10	10		
			옥	옥	옥	옥			
		데	데	데	데				
소	소	소	소						

따라서 아래와 같은 표를 완성할 수 있다.

10	11	12	13	14	15	16	17	18	19
				10	10	10	10		
			옥	옥	옥	옥			
		데	데	데	데				
소	소	소	소						

한 팀의 가수만 공연한 날은 10일, 11일, 17일로 총 3일이다.

09

정답 ③

우선 A, B, C, D가 모두 인접하고있어 같은 색을 사용할 수 없으므로 각각 다른 색상이 사용되었음을 알 수 있다. 편의상 이 도시들에 사용된 색상을

도시의 이름과 같다고 가정해본다.
다음은 많은 도시와 이웃하고 있는 도시 D부터 접근을 시작해보도록 한다. D주변 도시는 D색상을 사용하지 못하지만 그 외에는 접하고 있지 않은 도시의 색상을 사용할 수 있다.
이 때는 최대한 동일한 색상을 여러번 사용하여 사용되는 색상의 수를 최대한 줄여야한다.
예를 들면 아래 그림과 같다.

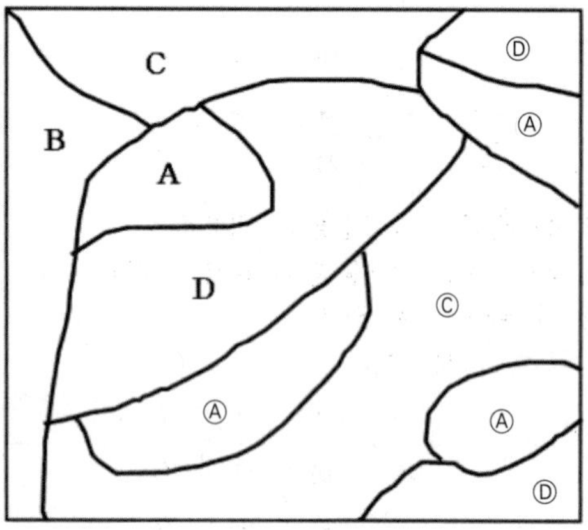

따라서 총 4개의 색상만으로도 전체 도시를 칠할 수 있음을 확인할 수 있다.

10

정답 ③

제시문에서 새로운 규칙은 이상의 규칙을 통해 생성된 암호에 짝수는 1을 더하고 홀수는 1을 빼며, 알파벳은 그대로 두어 최종적인 암호를 완성한다고 한다. 그렇다면 원래 짝수였던 암호는 최종적으로 1이 커진 홀수가 되고 원래 홀수였던 암호는 최종적으로 1이 작아진 암호가 된다.
이는 최종 암호에서 홀수의 경우에는 1을 뺀 짝수가 원래 암호가 되고 짝수의 경우에는 1을 더한 홀수가 원래 암호가 된다는 것이다.
문제에 주어진 최종암호에 있던 수 중 0, 6은 1을 더해야 하고 9, 15의 경우에는 1을 빼야 원래 암호의 숫자가 나온다.
따라서 갑이 모르는 사이에 생긴 규칙을 적용하기 이전의 암호문은 다음과 같다.

1E7J7AJ814E48J

따라서, 이를 해석하면 다음과 같다.

ㄱㅗㅅㅣㅅㅏㅣㅇㅎㅗㅏㅇㅣ

11

정답 ③

조건을 정리하면 다음과 같다.
- 정확한 시계에 비해 A의 시계는 3분 늦다.
→ A ~ D는 정확한 시간 기준으로 11시 3분에 출발하였으며, D는 13시 3분에 도착하였다.
→ A는 정확한 시간 기준으로 13시 8분에 도착하였다.
- 정확한 시계에 비해 B의 시계는 5분 빠르다.
→ B는 정확한 시간 기준으로 12시 52분에 도착하였다.
- 정확한 시계로 도착예정인 13시 00분에 늦은 차가 2대 있었다.
  - C는 A 또는 B보다 3분 늦었다.

C의 도착 시각이 확정되지는 않았으므로 이를 도출해본다.
1) C가 A보다 3분 늦은 경우
C는 13시 11분에 도착한 것이다. 이 경우 정확한 시계로 도착예정인 13시 00분에 늦은 차가 2대 있었다는 진술과 모순된다.
2) C가 B보다 3분 늦은 경우
C는 12시 55분에 고착한 것이다. 이 경우 정확한 시계로 도착예정인 13시 00분에 늦은 차가 2대 있었다는 진술과 모순되지 않는다.
따라서 정확한 시계로 4명의 도착시간을 구하면, A는 13시 8분, B는 12시 52분, C는 12시 55분, D는 1시 3분이다.
ㄱ. (×) A는 정확한 시계로 13시 8분에 도착하였다.
ㄴ. (○) B는 11시 3분에 출발해 12시 52분에 도착하였으므로 1시간 49분 만에 도착하였다.
ㄷ. (×) C는 D보다 8분 늦게 도착하였다.
ㄹ. (○) D는 도착예정시각 13시 이후인 13시 3분 도착하였다.

12

정답 ④

1. 질문한 시간대가 오전인 경우
   - 오전에 으바바 부족은 참말을 하고 우가가 부족은 거짓말을 한다. 따라서 만약 두 사람에게 "당신은 우가가 부족입니까?"라고 물었다면 두 사람의 대답은 모두 "아니오."가 되어야 한다.
2. 질문한 시간대가 오후인 경우
   - 오후에 으바바 부족은 거짓말을 하고 우가가 부족은 참말을 한다. 따라서 만약 두 사람에게 "당신은 우가가 부족입니까?"라고 물었다면 두 사람은 모두 "예."라고 대답한다.
   - "지금은 오후입니까?"라는 질문에 대해서는 참을 말하는 사람이 "예."라고 대답할 것이다. 따라서 "예."라고 대답한 남자가 우가가 부족이며, "아니오."라고 거짓을 말한 여자가 으바바 부족이다.
3. 질문한 시간대가 정오인 경우
   - 정오에는 두 사람 모두 참말을 하므로 "지금이 오후입니까"라는 질문에 대답은 두 사람 모두 "아니오."라고 대답해야한다.

甲의 질문에 대한 대답을 고려했을 때 모든 조건을 만족시키는 경우는 오후 시간대, 남자 - 우가가, 여자 - 으바바 이다.

13

정답 ①

ㄱ. (○) 2문단에서 우리나라의 용인 자연농원의 대관람차의 명칭이 "우주관람차" 임을 알 수 있고, 3문단에서 이는 현재 운영되지 않음 역시 알 수 있다.
ㄴ. (×) 4문단에 따르면 EDF는 런던 아이를 2011년 1월 20일부터 공식 스폰서로 후원하기 시작하였으나, 5문단에서 런던 아이는 1999년 공사가 마무리되었음을 알 수 있다. 따라서, EDF는 런던 아이의 건설공사를 후원할 수는 없었다.
ㄷ. (×) 4문단에서 135m가 443피트임을 알 수 있고, 싱가포르 플라이어는 런던 아이보다 30m 높으므로, 약 98.444 피트만큼 높다는 것을 알 수 있다.

14

정답 ④

조건을 정리하면 다음과 같다.
- 각 팀의 구성원
  남자 4명 : 명철, 준영, 종민, 영우
  여자 4명 : 영희, 진희, 나라, 미영
- 연극팀의 남자 주인공은 영우이며, 여자 주인공은 진희가 아니다.
- 영화팀 주인공 2명의 이름에는 '영'자가 들어간다.
  → 연극팀의 남자 주인공은 영우이므로, 영화팀의 남자 주인공은 준영이가 된다.

	영화팀	뮤지컬팀	연극팀	드라마팀
남자	준영		영우	
여자			~~진희~~	

• 뮤지컬팀의 여자 주인공은 영희가 아니다.

	영화팀	뮤지컬팀	연극팀	드라마팀
남자	준영		영우	
여자		~~영희~~	진희	

• 드라마팀의 여자 주인공은 나라도 아니고, 미영이도 아니다.

	영화팀	뮤지컬팀	연극팀	드라마팀
남자	준영		영우	
여자		~~영희~~	~~진희~~	~~나라~~, ~~미영~~

• 종민이가 남자주인공인 팀의 여자 주인공은 영희이다.
→ 뮤지컬팀의 여자 주인공은 영희가 아니라는 진술이 있었으므로, 이와 같이 종합해서 본다면 뮤지컬팀의 남자 주인공은 종민이가 될 수 없다. 따라서 드라마팀의 여자주인공은 영희가, 드라마팀의 남자 주인공은 종민이가 되고 뮤지컬팀의 남자 주인공은 명철이가 된다.

	영화팀	뮤지컬팀	연극팀	드라마팀
남자	준영	명철	영우	종민
여자		~~영희~~	~~진희~~	영희

또한 영화팀 주인공 2명의 이름에는 '영'자가 들어간다는 진술과 종합해보면 영화팀의 여자 주인공은 미영이 된다. 이에 따라 연극팀의 여자 주인공은 나라가 되고, 마지막 뮤지컬팀의 여자 주인공은 진희가 된다.

	영화팀	뮤지컬팀	연극팀	드라마팀
남자	준영	명철	영우	종민
여자	미영	진희	나라	영희

따라서 영화팀, 뮤지컬팀, 연극팀, 드라마팀 순으로 여자 주인공은 미영, 진희, 나라, 영희가 된다.

15

정답 ③

ㄱ. (○) 1번째 조건과 2번째 조건에 따라, 2번의 답은 ③이 된다. 따라서 丁은 2번을 맞추고, 戊는 2번을 틀렸다. 1번에 대해 丁과 戊의 답이 같으므로 점수가 상이할 수 없으니 배제할 때, 戊가 丁보다 점수가 높으려면 3번과 4번 모두 맞아야 한다. 이 때 1번째 조건과 2번째 조건에 따라 甲은 3개 이상의 문제를 맞아야 하므로, 3번의 답이 ②, 4번의 답이 ④라면 1번과 5번은 甲이 맞아야 한다. 따라서 5번의 답은 ②가 되는데, 이 경우 丁도 정답이 되어 2개가 정답이 되어 戊가 丁보다 점수가 높을 수 없다. 따라서 戊의 점수는 丁의 점수보다 낮거나 같다.

ㄴ. (○) 丁이 3번과 4번을 맞췄다면, 3번의 답은 ①, 4번의 답은 ⑤가 된다. 이때 甲은 3문제 이상 맞아야 하므로, 1번의 답은 ①, 5번의 답은 ②가 된다. 이 상황에서는 丁이 총 4개의 정답을 맞히어서 가장 높은 점수를 획득한다.

ㄷ. (×) 5번의 답이 ②가 아니라고 가정했을 때, 丙이 1번과 2번을 맞추고, 戊가 3번 또는 4번 중 한 가지를 맞추었을 때도 모든 조건이 모순 없이 성립한다. 따라서 5번 문제의 정답이 항상②가 되어야 하는 것은 아니다.

16

정답 ②

조건에 따른 매주 발목의 회복 정도는 다음과 같다.

이름	나이	현재 발목 손상 정도	과거 발목 수술 경험	매주 발목의 회복 정도
범근	69세	15	O	20%
흥민	28세	28	X	25%
강인	18세	30	X	30%
승우	20세	18	O	20%
성용	33세	25	X	25%

범근과 승우 중 같은 발목의 회복 정도에서 현재 발목 손상의 정도는 더 적은 범근은 제외된다. 같은 이유로 흥민과 성용 중 성용이도 제외된다. 흥민, 강인, 승우를 비교해야 한다. 나머지 사람들의 현재 발목 손상정도와 1주 뒤 발목손상정도를 구하면 다음과 같다. 이때 아래 표에서 잔존율은 '100 - 매주 발목의 회복 정도'라고 볼 수 있다.

이름	잔존율	현재 발목 손상 정도	1주 뒤 발목 손상 정도
흥민	75%	28	21
강인	70%	30	21
승우	80%	18	14.4

흥민이와 강인이의 경우에는 1주 뒤의 발목상태가 동일하다. 그런데 잔존율이 흥민이가 크기 때문에 이후의 주에서는 흥민이의 발목손상정도가 계속 커질 것이다. 그러면 흥민이와 승우를 비교하여야 한다. 흥민이의 발목 손상 정도에 승우의 발목 손상 정도를 뺀 다음 값을 비교해야 한다.

$$28\times(\frac{3}{4})^{n-1}-18\times(\frac{1}{5})^{n-1}$$

계산을 해보면 모든 n에 대해서

$$\frac{28}{18}\geq(\frac{4}{15})^{n-1}$$

$$28\times(\frac{3}{4})^{n-1}\geq 18\times(\frac{1}{5})^{n-1}$$

이므로 발목회복이 가장 늦게 되는 사람은 흥민이임을 알 수 있다.

17

정답 ⑤

주어진 조건을 정리하면 다음과 같다.

• 좌석 강등 대상은 월별 최종 벌점이 400점 이상인 동시에 월별 벌점 획득률이 30% 이상인 학생이다.

- 甲은 벌점 획득률이 25%로 좌석 강등 대상에 해당하지 않는다.

학생	지각 횟수	결석 횟수	지난 달 모의고사 성적 종합순위	최종 벌점
乙	100	400		500
丙	150	300	-80	370
丁	200	200		400
戊	300	200	-80	420

- 丙은 월별 벌점 획득률이 30%이나, 최종 벌점은 370점으로, 좌석 강등대상에 해당하지 않는다.

• 좌석 강등 대상에 해당하는 경우 즉시 다음 달부터 한 등급 강등되며, 벌점 400점을 초과하는 경우 매 20점마다 한 등급씩 더 강등된다.

A등급 좌석에 앉게 되는 학생은 좌석 강등 대상이면서 최종 벌점이 420점인 학생이다. 戊은 월별 벌점 획득률이 40%이며, 월별 최종 벌점은 420점으로, 2020년 2월 현재보다 두 등급 강등된 A등급 좌석에 앉게 된다.

18

정답 ⑤

우선 주어진 상황의 이해가 조금 어려울 수 있고, 계산에 0과 1이 많아 계산이 헷갈릴 수 있다. 그러나 하나의 항에 0이 1개라도 포함되어 있으면 그 항은 0이 되므로 계산이 어려운 것은 아니고 주어진 상황의 이해 위주의 문제라고 할 수 있다. 주어진 상황은 특정 키를 누르면 일반 문자와 -표시가 있는 문자가 0과 1을 반대로 입력하는 상황으로 축약할 수 있다.

① (×) 표 테두리 속성은 Alt, Ctrl, Shift 키는 입력하지 않고 L키만 입력한 경우이므로 그 결과는 다음과 같다

~~A~~·~~S~~·L+A·~~C~~·L+A·~~S~~·~~C~~·~~L~~

=1·1·1+0·1·1+0·1·1·1

=1

② (×) 글자 모양은 Ctrl, Shift 키는 입력하지 않고 Alt, L키만 입력한 경우이므로 그 결과는 다음과 같다

~~A~~·~~S~~·L+A·~~C~~·L+A·~~S~~·~~C~~·~~L~~

=0·1·1+1·1·1+1·1·1·0

=1

③ (×) 매크로 실행은 Ctrl 키는 입력하지 않고 Alt, Shift, L키만 입력한 경우이므로 그 결과는 다음과 같다

~~A~~·~~S~~·L+A·~~C~~·L+A·~~S~~·~~C~~·~~L~~

=0·0·1+1·1·1+1·0·1·0

=1

④ (×) 다시 찾기는 Alt, Shift 키는 입력하지 않고 Ctrl, L키만 입력한 경우이므로 그 결과는 다음과 같다

~~A~~·~~S~~·L+A·~~C~~·L+A·~~S~~·~~C~~·~~L~~

=1·1·L+0·1·1+0·1·1·1

=1

⑤ (○) 문단 왼쪽 정렬은 Alt 키는 입력하지 않고 Ctrl, Shift, L키만 입력한 경우이므로 그 결과는 다음과 같다

~~A~~·~~S~~·L+A·~~C~~·L+A·~~S~~·~~C~~·~~L~~

=1·0·1+0·0·1+0·0·0·0

=0

19

정답 ④

① (×) 제1조 제2항에 따를 때 운영의 중요 사항 변경 시 지방보육정책위원회의 심의를 거쳐야 하는 것은 국공립어린이집 외의 어린이집을 설치 운영하고자 하는 자에 대한 설명이다.

② (×) 제1조 제3항에 따를 때 이는 국공립 어린이집 외의 어린이집을 설치 운영하고자 하는 자에게 적용되는 내용이다.

③ (×) 제2조 2호 사목에 따르면 장애아가 9명 이상일 경우에 특수교사 자격소지자가 요구된다.

④ (○) 제2조 1호 및 7호에 따를 때 옳다.

⑤ (×) 2명의 보조교사가 아닌 보육교사를 두어야 한다.

20

정답 ②

현재 A어린이집에서 보육하고 있는 아동 수와 보육교사 수는 다음과 같다.

보육 아동 연령	아동 수(명)	보육교사 수(명)
만 1세 미만	6	2
만 1세 이상 만 2세 미만	13	3
만 2세 이상 만 3세 미만	21	3
만 3세 이상 만 4세 미만	29	2
만 4세 이상 미취학	0	0
취학아동	10	1

그러므로 현재 A어린이집의 보육교사 수는 11명이다.

새로운 아동이 A어린이집에 들어오면서 새로 산정한 아동 수와 보육교사 수는 다음과 같다.

보육 아동 연령	아동 수(명)	보육교사 수(명)
만 1세 미만	8	3
만 1세 이상 만 2세 미만	16	4
만 2세 이상 만 3세 미만	21	3
만 3세 이상 만 4세 미만	30	2
만 4세 이상 미취학	0	0
취학아동	10	1

따라서 새로 산정한 A어린이집의 보육교사 수는 13명이다.

다음으로 조리원 수는 다음과 같다. 지문의 어린이집에 두어야 하는 보육교직원과 그 수 중 조리원 규정에 따르면 영유아 40명 이상 80명 이하를 보육하는 어린이집의 경우 조리원 1명을 두며, 영유아가 80명을 초과할 때마다 1명씩 증원하여야 한다. 그리고 지문의 조항에 따르면 영유아란 6세 미만의 취학 전 아동을 의미한다. 따라서 A어린이집의 조리원 수 산정에는 취학아동을 제외한 만 4세 미만까지의 영유아만이 고려된다. 새로운 영유아들이 A어린이집에 들어오면서 영유아 수는 8+16+21+30=75명이므로 조리원 수는 1명이다. 따라서 새로 산정한 보육교사는 13명, 조리원은 1명이므로 둘의 합은 14이다.